アメリカ3年目 話す英語が変わりすぎた。

英語も振る舞いも「なりきる」ことで、ネイティブとの距離が近づく

はじめまして。LanCul英会話のNatsuと申します。ふだんはTikTokやYouTube、Instagramを中心に、ネイティブが使う英会話フレーズや、日本とアメリカのマナーや振る舞いの違い、海外文化の魅力とコミュニケーションの楽しさなどについて、動画を配信しています。

私たちが配信させていただいている動画の中でも特に反響が大きいのが、アメリカ3年シリーズです。

アメリカへ行ってから1年目、2年目、3年目で、どのように使う英語や振る舞いが変わっていくかを見せるこのシリーズですが、3年目は少し極端にアメリカに染まった英語や行動を紹介しています。

動画をご覧いただいた方の中には、「ここまでする？」と思われた方もいらっしゃるかもしれません。
しかし、ネイティブとの距離を近づけたいのであれば、少し極端であるぐらい、「アメリカに染まる」方が効率的だと思うのです。
これは私の経験からも言えることです。

私は日本生まれ、日本育ちです。今でこそSNSで英語系の発信をしているので、「帰国子女ですか？」と聞かれることが多いですが、実際は帰国子女どころか、アメリカに移住するまで、英語は正直言って全くダメでした。

日本の中学校で初めて英語の勉強をし、「楽勝！」と思っていたのも束の間。どんどん難しくなっていって…テストでは赤点。あっという間に「英語落ちこぼれ組」になっていました。これでは英語を楽しめるはずもなく、強い苦手意識が生まれてしまい、「英語＝できないこと」として完全に諦めていました。

　しかし、15歳のとき、幼い頃から習っていたクラシックバレエの短期留学でニュージーランドへ行くチャンスがあり、初めて海外で生活したことをきっかけに英語の魅力に気づきました。

　初めての海外。同年代の同じ夢を持った現地の子たちと自然に会話したい。仲良くなりたい。そんな思いがある一方で、伝えたいことがうまく伝えられない。相手が一生懸命に何かを伝えてくれているのに、全くわからない…。もどかしくて、悔しくて。でも、すごく楽しかった。
　私は「勉強」は得意ではなかったけど、コミュニケーションを取ることが好きだったんです。

　そして、2年後の17歳のとき、アメリカでプロのバレエダンサーになる夢を叶えるため、渡米しました。

　「まだまだ、英語は上手じゃないけど、積極的に頑張ろう！」と意気込んでいた矢先、「あれ…？　私と同じ非英語圏の国の子たち…みんな英語超ペラペラじゃん！」ということに気づきました。

　英語でどんどん友達を作って、仲良くなっていくみんなの姿がキラキラして見えて、「うらやましい！」と思ったり、「日本の英語教育のせいだ！」と言いわけを必死に探したり…。また諦めそうになっていたとき、みんなの会話を聞いていてふと気がついたんです。

「みんな、雰囲気だけで話してる…！」。実は完璧に英語を話せるのではなく、英語でのコミュニケーションの取り方を知っていただけなんです。つまり、文法はめちゃくちゃでも、使う表現や振る舞いが自然なことで、摩擦がないスムーズな会話ができていたのです。

コミュニケーションとは、言語だけではなく、振る舞いや、非言語的な要素も非常に大きな役割を果たしていることに気がつきました。

「これなら勉強が苦手な私でも、楽しんで上達できそう！」とワクワクした気持ちで、ネイティブのマネをしながら、自然な表現や話し方を身につけたり、アメリカの文化に染まるような行動をしてみたり。1年、2年、3年と時間が経つうちにネイティブスピーカーとの間にあった壁が、確実に薄れていきました。それは単に言葉が通じるようになったからではなく、相手の文化や価値観を理解し、尊敬し、受け入れることで得られた感覚です。

日本では「海外かぶれ」という言葉がネガティブな意味で使われることがありますが、私はそれを全く逆に捉えています。「海外に染まる」ことこそ、コミュニケーション力上達への一番の近道であり、大きな秘訣なのです。

この本を通じて、あなた自身が新しい言語や文化に飛び込む勇気を持ち、新しい自分への変化を楽しんでもらえたら嬉しいです。そして、それがあなたの英語学習の旅をより豊かで実りあるものにしてくれることを願っています。

2023年9月　　LanCul英会話　Natsu

本書の使い方

次のSTEPで本書を使うと、
よりスムーズにネイティブらしいフレーズや振る舞いが身につきます。

STEP **1**

目次から気になる項目を選ぶ

目次から自分がネイティブのように話し、振る舞いたいと思うシーンを
選び、該当のページを確認しましょう。

STEP **2**

紹介されているフレーズを理解する

アメリカ1年目〜3年目の順に、紹介されているフレーズを理解しましょう。
1年目から3年目でどのようにステップアップしているか、どういった意図
でフレーズが使われ、そのような行動を取っているかを学びましょう。

STEP **3**

紹介されているフレーズを音読する

アメリカ1年目〜3年目の順に、紹介されているフレーズの音読をしましょ
う。特に2〜3年目のものにフォーカスし、音声に合わせて音読しましょう。
このとき、単純な発音だけでなく、どのようなトーンや抑揚で話しているか
も意識し、何もかもネイティブになりきるつもりで音読できると効果的です。

1年目〜3年目の学習を終えたら、
TIPSで細かいシチュエーションで使われる
マナーやフレーズを学びましょう。

本書の音声について

本書に収録されている例文を、LanCul英会話のメンバーが読み上げた、
特別音声◁))を無料でダウンロードすることができます。
記載されている注意事項をよくお読みになり、
下記のサイトから無料ダウンロードページへお進みください。

https://www.kadokawa.co.jp/product/322206000775

上記のURLへパソコンからアクセスいただくと、mp3形式の音声デー
タをダウンロードできます。『アメリカ3年目　話す英語が変わりすぎ
た。』のダウンロードボタンをクリックしてダウンロードし、ご利用くだ
さい。詳細は上記URLへアクセスの上、ご確認ください（ご使用の機
種によっては、ご利用いただけない可能性もございます。あらかじめご
了承ください）。

abceedアプリとの連携により、スマートフォン再生にも対応しています。

【注意事項】

● 音声のダウンロードはパソコンからのみとなります（再生はスマート
フォンでも可能です）。携帯電話・スマートフォンからはダウンロード
できません。

● 音声はmp3形式で保存されています。お聞きいただくにはmp3ファ
イルを再生できる環境が必要です。

● ダウンロードページへのアクセスがうまくいかない場合は、お使いの
ブラウザが最新であるかどうかご確認ください。

● フォルダは圧縮されていますので、解凍したうえでご利用ください。

● なお、本サービスは予告なく終了する場合がございます。あらかじめ
ご了承ください。

Contents

PART 1 スタバやショップで
いい感じに振る舞いたい

スタバで注文

マックで注文

注文が決まっていないとき

頼んでいないものが来たとき

バーで注文するとき

ショップでオススメを聞く

PART 2　友達や恋人と同じノリで話し、遊びたい

PART 3　毎日の挨拶や会話で良い印象を与えたい

PART 1

スタバやショップで
いい感じに
振る舞いたい

レストランやショップで
スマートにやりとりするための
英語と振る舞い

スタバで注文

無難に1つほしいものを注文

🔊 01-01

Conversation 1st Year

What can I get you?
ご注文はいかがなさいますか?

Can I have a tall latte, please?

トールのラテをお願いします。

Can I have 〜?で「〜をお願いします」という意味になります。スタバに限らず、レストランで注文するときにも使える便利なフレーズです。お店で何かほしいものを頼むときはこのフレーズを使ってみましょう。

Point　最初のうちから複雑なオーダーをすることにはリスクがあります。自信も十分についていないので、ここはひとまず無難にラテを注文。まずはメニューを間違えないで注文することに集中しましょう。

スタバで注文

アメリカ
2年目

思いつきで注文を変更する

🔊 01-02

What can I get you?
（ご注文はいかがなさいますか？）

**Can I get a grande latte, please?
Oh actually, can you do oatmilk?**
（ラテをグランデで。あ、やっぱオーツミルクに変更できます？）

Conversation **2nd Year**

What can I get you?
ご注文はいかがなさいますか？

Can I get a grande latte, please?
ラテをグランデで。

Oh actually, can you do oatmilk?
あ、やっぱオーツミルクに変更できます？

注文をした後で、「あっ、やっぱこっちがいい」ってなるときありますよね？
2年目になり慣れてきたら、そんなとき、その場で注文を変更しちゃいます。

Actually, can you do 〜？（やっぱ、〜 にできる？）で、オーダーの変更ができます。**actually** はこういった場面で、「やっぱ」というカジュアルなニュアンスを出すことができます。

アメリカではグランデサイズを頼むのが一般的なので、アメリカ仕様で頼んでみるのもアリです。
Can I have 〜？の代わりに、カジュアルな場面でよく使われる **Can I get 〜？**を使ってよりフランクな雰囲気を出しましょう。

スタバで注文

カスタマイズしまくり

🔊 01-03

Conversation 3rd Year

What can I get you?
ご注文はいかがなさいますか？

Hi, can I get a venti latte...
ベンティのラテを

with oatmilk,
オーツミルクに変更で、

two pumps of vanilla, whipped cream, and
バニラシロップ2プッシュとホイップ追加と、

caramel drizzle on top, please?
キャラメルソースを上にかけてくれる？

Yeah, perfect. Thanks.
完璧ね。ありがとう。

3年目ともなるとカスタマイズだらけのオーダーです（笑）。
カスタマイズのオーダーに欠かせないのが with という単語。
ベースとなる注文に追加していきたいカスタマイズを with の後に並べて注文することができます。
perfect はネイティブがよく使うリアクション英語の1つです。「最高！　イイね！」と言いたい場面で使うと、相手にこなれた印象を与えることができます。

Point　アメリカではカスタマイズを利用して、自分だけのお気に入りのドリンクを注文することが多いです。どんどんカスタマイズしてみましょう！

TIPS

カフェで聞かれること　🔊 01-04

スタバのようなカフェで注文すると、

 Can I have your name?
（お名前は？）

と名前を聞かれるので、Natsuのように自分の名前を答えましょう。

さらに

 Room for milk?
と聞かれることがあります。

私はアメリカのカフェで初めてこう聞かれたとき、店員さんが何と言っているかわかりませんでした。
何となくroomと言っているのはわかったのですが、カフェでなぜ部屋について聞かれるのだろうと混乱してしまったのです。

これは、ミルクを後で入れるか、入れないかを聞いていて、

Room for milk?
（ミルクのためのスペースいる？　→　後でミルク入れる？）

という意味だったのです。図にすると、こんな感じです。

後でミルクを入れたい場合はYes.、ミルクを入れない場合はNo.と答えましょう。事前に知らないと戸惑ってしまいますが、準備しておくと慌てずに注文できます。

TIPS カフェのオーダー待ち あるある

🔊 01-05

~~~~~~

カフェでオーダーを待っていると、たまに後ろに並んでいる人が、次のようにオススメしてくれることがあります。

最初はビックリするかもしれませんが、アメリカでは知らない人が話しかけてくることはよくあることなので、そのままフレンドリーに会話してみましょう。

 I'd recommend this right there.
（それオススメだよ）

 That one?
（これ？）

 Yeah.
（そう）

 Oh, you've had that?
（食べたことあるの？）

 Multiple times.
（何回もあるよ）

 Oh, really?
（本当に？）

 It's the best thing.
（最高だよ）

 OK, thank you. Maybe I should try that.
（じゃあ、それにしてみようかな）

この例ではオススメどおりに頼もうとしていますが、自分が他に頼みたいものがあったら、Maybe next time.（また今度にしようかな）のように言って、好きなものを頼んでしまってOKです。相手もよくあるコミュニケーションのうちの1つという捉え方をしているので、構えすぎる必要はありません。

マックで注文

アメリカ
1年目

🔊) 01-06

> Hello, can I have a cheeseburger?
> （チーズバーガーお願いします）

> Combo?
> （コンボにしますか？）

> ..., yes, please.
> [わかんないな]（…はい、お願いします）

Point

まずはほしいものを伝えて、店員さんの質問にしたがって答えるだけでも最低限のオーダーには十分です。
ちなみに、combo（コンボ）は「セット」という意味になります。

アメリカ
2年目

🔊) 01-07

> Hi, can I get one spicy crispy chicken sandwich, combo please. And also a 7UP. Thank you.
> （スパイシークリスピーチキンサンドイッチを1つ、セットで。それと 7UPもお願いします）

Point

2年目になって慣れてきたら、ほしいものを一気にオーダーしてみましょう。
andやalsoなどのつなぎ言葉を使ってよりナチュラルにオーダーしていくのがポイントです。

アメリカ
3年目

🔊 01-08

Hi, can I get a quarter pounder with cheese bacon?
And I'd like to make that a meal with fries, and a sweet tea with extra ice, please.

（クォーターパウンダーチーズベーコンのセットをサイドはポテトで。それとスイートティー氷多めでお願いします）

Got ya. Anything else?
（かしこまりました。他にご注文は？）

No, that's all, thanks.
（いえ、以上です。ありがとう）

🚩 **Point**

3年目は複雑な注文も難なくできるようになります。p.21にでてきた with 〜ですが、ここでは「サイドメニューは〜」という意味で使っています。

extra（少し多め）といったカスタマイズ感のある注文もできると、よりネイティブっぽくなります。

注文が決まっていないとき

 May I take your order?
（ご注文は？）

🔊 01-09

Um...cheeseburger, please.
（えっと…チーズバーガーでお願いします）

 Sure! One cheeseburger, coming up!
（チーズバーガーですね、かしこまりました！）

> **Point**

アメリカでは日本のようにお客さんが店員さんを呼ぶ文化がなく、店員さんがテーブルへ来るのを待つスタイル。そのため、まだ注文に悩んでいるときにオーダーを聞かれてしまうケースがよくあります。

1年目だとメニューを読んで食べたいものを決めるのに時間がかかってしまい、結局焦って安全なメニューを頼んでしまうというのがあるあるです。

 May I take your order?
（ご注文は？）

🔊 01-10

Um...
（えっと…）

 Do you need more time?
（もう少し時間いりますか？）

That would be great!
（はい、お願いします！）

2年目になると、決まっていないのにオーダーを聞かれてしまっても焦ることはなくなります。そうすると、だいたい店員さんが「もう少し時間いりますか？」のように聞いてくれるので、例のように答えましょう。

🔊 01-11

May I take your order?
（ご注文は？）

Can I have a little more time, please? Everything on the menu looks amazing, so it's hard to decide!
（もう少し悩んでも良いかしら？　メニュー全部が美味しそうで迷っちゃって！）

Sure! I'll be back in a few minutes!
（もちろん！　少ししたら戻りますね！）

3年目にもなると、相手への気遣いを見せながら、時間を引き延ばすことができます。

アメリカではテーブル毎に担当の店員さんが決まっているので、気遣いができると店員さんの対応も良くなります。

TIPS 店員さんに色々聞かれたとき ◁)) 01-12

海外のレストランでは、日本よりもお客さんと店員さんの距離が近い
ことが多く、店員さんからフランクに色々と話しかけてくれます。

Hey, how's the food?

（味はどう？）

というように味について聞いてくれるので、戸惑ったりせずに、

It's good, thank you.

（美味しいです。ありがとう）

のように返しましょう。すると、

Awesome. Is there anything you need?
Maybe more ice or hot sauce?

（よかった。他に必要なものは？　氷足そうか？　ホットソースいる？）

のように、あれこれ聞いてくれることもあります（笑）。

こうしたときに店員さんに気を遣ってお願いする必要はなく、特にほ
しいものがないのであれば、

I'm good for now.

（今は大丈夫です）

と素直に言えると、スマートです。

水をもらうのがややこしい

◁》01-13

日本のレストランで「お水をください」と伝えると飲料水が出てきますが、海外では水をもらうときにちょっとややこしいやりとりがあります。

Would you like something to drink?

（お飲み物いかがですか？）

と店員さんに聞かれ

Uh...just water, please.

（え〜と、お水でお願いします）

のように答えると、

Would you like tap water or bottled water?

（水道水かミネラルウォーターかどちらにしますか？）

と二択で聞かれます。tap? bottled? とビックリしてしまうと思うのですが、**tap waterは水道水（無料）**のことで、**bottled waterはミネラルウォーター（有料）**のことです。
ミネラルウォーター（bottled water）を頼みたいときは、日本のように無料ではない場合が多いので、そのつもりで注文しましょう。

そして、さらに（笑）！

Sparkling or still?

（**スパークリング**と**スティル**がありますが）

のように聞かれます。
sparklingは「炭酸水」、**stillは「普通の水」**になります。つまり、普通の水を頼むのに、2回も選択肢が登場するのです。初めてのときは迷いがちなので、事前に違いを頭に入れておくとスムーズに注文できます。

頼んでいないものが来たとき

アメリカ 1年目

🔊 01-14

Here you go. Enjoy.
（お待たせしました）

....
（…）

Point

海外のレストランで頼んでいないものが来たとき、みなさんはどうしますか？
最初の頃は、そもそも料理自体を知らなかったり、店員さんに聞くことが怖かったりすると思うので、黙ってやり過ごすこともあると思います。
実際に私もアメリカ1年目の頃はそうでした。

アメリカ 2年目

🔊 01-15

Here you go. Enjoy.
（お待たせしました）

I don't think I ordered this...
（これ頼んでないと思うんですけど…）

Point

2年目になってくると、さすがに何も言わないことに抵抗を覚えるようになり、店員さんに間違いを伝えられるようになります。
I don't think I 〜. （動詞は過去形）で「私は〜してないと思うのですが」という意味になり、相手に自分の想定と違った状況になっているということを伝えることができます。

Here you go. Enjoy.
（お待たせしました）

🔊 01-16

Oh, excuse me. I'm not sure this is what I ordered. I ordered chicken salad, not salmon. Oh, and also could you reheat this for me? Thank you, I appreciate it.
（あ、すみません。頼んだものと違うと思います。サーモンじゃなくて、チキンサラダのはず。あ、ついでにこれ温め直してもらえますか？　すみません。お願いします）

Point

3年目にもなると、注文がどう間違っているのか伝え、ついでにちょっとしたことまで頼んでしまうようになります（笑）。

I'm not sure 〜. （〜でないと思うんだけど）という表現で、I don't think 〜. のように強い否定でなく、やんわりと「違うと思う」という自分の意見を伝えることができます。

また、ここでも and also を使って、＋αでこれもお願いというニュアンスを自然に出しています。

Thank you. と I appreciate it. を一緒に使うことで、より丁寧に感謝を伝えられます。日本語で言うと、「すみません、お願いします」のようなニュアンスです。

食べきれないとき

日本ではレストランで食べきれないとき、そのまま残してしまうことが普通だと思うのですが、アメリカでは、

Can I get this to go?
（持ち帰りにできますか？）

のように言えば、店員さんがお持ち帰り用に残ったものを詰めてくれたり、持ち帰り用の箱を渡してくれたりします。

また、こうしたときに店員さんを呼ぶことになると思うのですが、この呼び方も日本とアメリカで違ってきます。

日本では店員さんを呼ぶとき、あるいはなかなか来てくれないときに、「すいませ〜ん、すいませ〜ん」と大きな声で呼ぶと思うのですが、アメリカではこれは失礼に当たってしまいます。
というのも、日本ではお客様は神様という考え方なのに対して、アメリカでは店員さんもお客さんも対等な立場という考え方があるからです。
ですので、声を出して店員さんを呼ぶというより、遠くにいる店員さんをわざわざ呼んで、自分のテーブルに来させるということが失礼に当たるのです。

「自分のテーブルになかなか店員さんが来ないのでは？」と心配になりそうですが、アメリカではどのレストランでも、各テーブルに担当の店員さんがいるので、良いタイミングで必ずテーブルまで来てくれます。

アメリカのレストランで食事をするときは、この文化を理解した上で、店員さんがすぐに来てくれないときがあっても、自分のところに大声で呼ぶことはしないようにしましょう。

こぼしてしまったとき

🔊 01-18

レストランなどで飲み物などをこぼしてしまったときのことを思い出してほしいのですが、日本だと店員さんが来て、「今お拭きいたしますね」と言って、拭いてくれるのが普通だと思います。
そして、新しいお水まで持って来てくれることもあります。

しかし、アメリカでお水をこぼしてしまった場合、日本のようにはいきません。

水がこぼれているのを見た店員さんは、

Oh no…Wait, let me bring you tissues.
（まじか…。ちょっと待って、ティッシュ持ってくるから）

とティッシュを持ってきてはくれるのですが、

There you go.
（はい）

と渡されて、基本的には自分でこぼしたところを拭くことになります。

アメリカでは普通のことなので、こうした対応を受けても店員さんに腹を立てたりせず、自分でこぼしたものは自分で拭きましょう（笑）。

麺類を食べるときあるある

日本ではラーメンなどの麺類をすすって食べるのが一般的ですが、海外では下品に思われることもあります。

ラーメンは日本が本場なので、アメリカに合わせるのは変な感じがしますが、実際にほとんどすすって食べる人が周りにいないので、私の食べ方も次のように変化していきました。

アメリカ1年目
日本と同じように箸を使って、すすって食べる。
↓
アメリカ2年目
箸を使うが、全く音をたてずに食べる。
↓
アメリカ3年目
フォークを使って、全く音をたてずに食べる。

行列を見たとき

◁)) 01-19

レストランなどに行列ができていると、「え、あそこめっちゃ並んでる！一番美味しいんじゃない？」となり、行列に並んででも美味しいものを食べたい人が日本に多いと思うのですが、アメリカでは全く逆なんです (笑)。

行列を見ると、

Are they waiting?
(え、これ待ってんの？)

のようになり、

Well, this is too much...let's just go somewhere else.
(いや〜これはちょっと…。他のとこにしよ)

I'm not waiting for that.
(こんなの待ってらんないよ)

とほぼ並ぶことはなく、他のお店へ行こうということになります。
ちなみに私が行列に並んででも食べたい、好きなアメリカンフードは次の3つです。

第1位
Clam chowder　クラムチャウダー
最高！　特にシアトルのパイクプレイスマーケットのものが、美味しすぎました。

第2位
Buffalo wings　バッファローウイング
日本でもたまに見かけるけど、本場とは違うので、ぜひアメリカへ行ったら食べてみてほしいです。

第3位
PB & J
PB & Jはピーナッツバター＆ジェリーの略で、最初は「どうかな〜」という感じだったんですが、食べているうちに病みつきになってしまいました。

バーで注文するとき

アメリカ
1年目

🔊 01-20

Excuse me. Can I have a beer?
(すみません。ビールお願いします)

Point

バーによって特別なカクテルや種類の違うお酒を提供しているので、慣れないうちは何を頼んだら良いのかよくわからないことがあります。

そんなときは無理せず Can I have a beer? のように、無難にビールなど飲み慣れたものを注文するとよいでしょう。

知らないうちにものすごく強いお酒を頼んでしまうこともあるので、最初は無理をしないことが一番です。

アメリカ
2年目

🔊 01-21

Can I have another?
(同じものお願い)

Point

気に入ったドリンクがあれば同じものを繰り返し飲むことも多いですよね。

そんなときは毎回ドリンクの名前でオーダーしなくても、another を使うだけで「同じものをもう1杯」という意味になるので、Can I have another? で自然なオーダーができます。

Just surprise me.
（任せるわ）

アメリカ **3**年目

◁》 01-22

Point

バーではマスターのオススメを注文することも楽しみ方の1つです。

オススメを頼むとき、特にバーのようなシチュエーションではsurprise me（私を驚かせて＝任せるわ）という表現を使うことで、こなれた印象を与えることができます。

アメリカと日本
支払い方の違い

日本とアメリカでは支払いの仕方がかなり違います。

クレジットか現金かという違いだけでみると、アメリカも日本も、どちらもカードや決済サービスが主流になってきているという点は変わりません。

しかし、現金での支払い方法には、驚くほどの違いが出てくるのです。

日本
・お財布に入ったお札を出す
・端数を出してお釣りを計算
・小銭などをトレーに置いて支払う

アメリカ
・お札をポッケからくしゃくしゃのまま出す
・お釣りをもらわない
・手渡しで支払う

アメリカでは財布を持たず、無造作にポッケからお札を出す人が多く、しかもお釣りをチップにして受け取らないことが多いです。また、支払うトレーなどは基本なく、手渡しが一番丁寧な支払い方法です。

チップを渡し忘れると…

🔊 01-23

アメリカのレストランなどで、会計のときに店員さんにチップを渡すことは当たり前になっていると思いますが、チップを渡し忘れると、次のように相手の態度が急に変わることもあるので注意しましょう。

And the bill, here you go.
(こちらがお会計でございます)

Thank you.
(ありがとうございます)

[チップが入っていない料金を渡す]

Alright, thank you very much. Be careful on your way out, and don't forget your things, alright?
(ありがとうございました。帰り道に気をつけてくださいね。お忘れものがないように)

Thank you so much.
(ありがとうございます)

[相手がチップがないことに気づく]

OK. Please if you can go out asap, so we can clean up the table. Thank you very much.
(なるはやで出てもらえる？　ここ片づけるから。どうも)

素直に聞く

◁)) 01-24

> **Excuse me. Which do you recommend?**
> （すみません、どっちがオススメですか？）
> **This one? OK, I'll buy this one. Thank you!**
> （こっちですか？　じゃあこれを買ってみます。ありがとう）

Conversation 1st Year

Excuse me. Which do you recommend?

すみません、どっちがオススメですか？

This one? OK, I'll buy this one. Thank you!

こっちですか？　じゃあこれを買ってみます。

ありがとう。

オススメを聞くための基本的な動詞となる、recommendを使って、店員さんの意見を聞きます。「〜さんのレコメンド」といったように、日本でもよく使われているので、アメリカに来たばかりの頃でも、英会話初心者の方でもイメージしやすく、比較的使いやすいと思います。

Point

最初のうちはとりあえず、いいなと思ったものを2つ挙げて、Which do you recommend?（どっちがオススメですか？）のように聞くのが良いでしょう。

ショップでオススメを聞く

アメリカ **2年目**

自分の意見も伝える

🔊 01-25

> Hi, excuse me, which one do you like more?
>
> （あの〜どっちが好きですか？）
>
> I kinda like this one more but I also like this one, so I wanted to ask your opinion.
>
> （私はこっちの方が好みなんだけど、こっちも悪くないなーって思って。あなたの意見を参考にしてもいい？）
>
> This one? I see...yeah why not? I'll try this! Thank you so much!
>
> （こっち？　なるほど…そうだね！　こっちにしてみるわ！　ありがとう！）

Conversation 2nd Year

Hi, excuse me, which one do you like more?

あの〜どっちが好きですか？

I kinda like this one more but I also like this one, so I wanted to ask your opinion.

私はこっちの方が好みなんだけど、こっちも悪くないなーって思って。

あなたの意見を参考にしてもいい？

This one? I see...yeah why not? I'll try this! Thank you so much!

こっち？　なるほど…そうだね！　こっちにしてみるわ！　ありがとう！

どちらが良いかを聞くときは、1年目で使った recommend ではなく、Which one do you like more? とあえてシンプルな表現を使うことで、フランクな雰囲気を出すことができ、店員さんとの距離を縮めることができます。

kinda は kind of の短縮形で、カジュアルな会話ではよく使われています。

Why not? という返答は「そうだね！」と、自然に相手の意見を肯定する場合に使える表現なので覚えておきましょう。

 Point オススメを聞く際に、自分がどう思っているかをしっかりと伝えておけると、コミュニケーションがスムーズになります。

自分の意見を通し、相手も立てる 🔊 01-26

Hey, can I ask you something?
To be honest, which one do you prefer?

（ちょっと聞いてもいい？　正直言ってどっちが好き？）

I actually feel like this is more me, but I kinda want to try something new as well, you know?

（こっちの方が私らしいって感じるんだけど、いつもと違う感じで試すのも良いかなって思ってて）

This one? Okay! Um...you know what, I'm actually gonna go with this one today, but thank you so much.

（あ、こっち？　そっか…ん〜やっぱり今回はこっちにするわ！　ありがとうね）

Oh, by the way, I love your style.
You look stunning!

（あ、あなたのスタイル素敵ね！　すごく良い感じ！）

Conversation 3rd Year

Hey, can I ask you something?

To be honest, which one do you prefer?

ちょっと聞いてもいい？　正直言ってどっちが好き？

I actually feel like this is more me, but I kinda

want to try something new as well, you know?

こっちの方が私らしいって感じるんだけど、

いつもと違う感じで試すのも良いかなって思ってて。

This one? Okay! Um...you know what, I'm

actually gonna go with this one today,

but thank you so much.

あ、こっち？　そっか…ん〜やっぱり今回はこっちにするわ！

ありがとうね。

Oh, by the way, I love your style. You look stunning!

あ、あなたのスタイル素敵ね！　すごく良い感じ！

Which one do you prefer?（あなたはどっちが好き？）はとても ネイティブらしい表現なので、相手にオススメを聞くときに サッと出てくると、良い印象を与えることができます。

this is me は「自分らしいもの、自分のタイプのものだ」とい う意味で、ショップなどで自分が気になっているものに使うと、 ただ気に入っているというだけでなく、「自分っぽくて好き」と いう微妙なニュアンスも伝えることができます。

また、3年目にもなると、ショップの店員さんとのコミュニケー ションにも慣れてきて、オススメを教えてもらっても「やっぱ り私は別の方がいい！」と感じる場合はそのまま素直に相手へ 伝えることができるようになります。

 Point　オススメを聞くときは、最後に相手のこともさりげなく褒め ることで、お互い気分良く会話を終えることができます。

ショップに入るとき

🔊 01-27

Welcome to Ari's boutique. How are you doing today?
（いらっしゃいませ。ようこそ、アリズブティックへ。調子はどう？）

...
（…）[無言でおじぎだけして入る]

Point

日本語では「いらっしゃいませ」の声かけに返答することはあまりありません。
しかし英語では、入店時に声をかけられたら返答するのが自然な流れになっています。
とはいえ、1年目はいきなり声をかけられても、どのように答えて良いかわからないと思うので、ひとまずおじぎをしておきましょう（笑）。

🔊 01-28

Welcome to Ari's boutique. How are you doing today?
（いらっしゃいませ。ようこそ、アリズブティックへ。調子はどう？）

Hi.
（こんにちは）

Point

2年目になったら、Hi. と一言、笑顔で挨拶ができるようになります。
何てことはない一言ですが、この一言があるかないかで、相手への印象がかなり変わります。
簡単でもいいのでしっかり返答をしましょう。

🔊 01-29

Welcome to Ari's boutique. How are you doing today?

（いらっしゃいませ。ようこそ、アリズブティックへ。調子はどう？）

I'm good, thank you. How about you?

（いい感じよ。あなたは？）

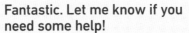

Fantastic. Let me know if you need some help!

（最高です。何かあれば、声をかけてくださいね）

OK, thank you so much!

（わかった、ありがとう）

3年目になると、挨拶だけでなく、ちょっとした会話のラリーをできるようになります。アメリカでは店員さんとの何気ない会話もコミュニケーションの大事な一部です。余裕が出てきたら、相手の調子も聞くようにしましょう。

ショップで声をかけられたとき

アメリカ
1年目

🔊 01-30

Can I help you with something?
(何かお探しですか？)

....
(…) [無言で相手を見つめ返す]

Point

日本でもショップで声をかけられて対応に困ることがあると思いますが、海外だとより緊張しちゃいますよね。言葉が出てこないのは仕方のないことなので、サラッと一言が言えなかったとしても、あまり気にしないようにしましょう。

アメリカ
2年目

🔊 01-31

Can I help you with something?
(何かお探しですか？)

Um... just looking.
(いや、見てるだけです)

Point

2年目になって慣れてくると、just lookingと一言だけでも言えるようになります。海外旅行のフレーズ集などでよく紹介される有名な表現ですが、短くてもちょっとしたコミュニケーションができる便利なフレーズです。

アメリカ
3年目

🔊 01-32

Can I help you with something?
（何かお探しですか？）

Yeah sure, do you guys have any different colors by any chance?
（あの、これの色違いってあったりする？）

And also, I kinda like this one but I don't know about the medium size. Do you have a large one?
（それと、これが好きなんだけどMサイズはどうかな〜って。Lってまだある？）

I can check in the back for you.
（在庫見てくるね）

Yeah thank you, I'll be here. Thank you so much.
（よろしく、ここにいるね。ありがとう）

🚩 **Point**

3年目はここぞとばかりに質問攻めです（笑）。せっかく店員さんが話しかけてくれたので、聞きたいことがあったら聞きましょう。ここでguysという言葉を使うことで、店員さんへ親しみを示し、うまく距離を縮めています。色違いがあるかを聞くときはDo you have any different colors?というフレーズが便利です。

by any chanceを最後につけることで、「〜だったりする？」という柔らかい印象を与えることができます。日本でも、店員さんに「色違いありますか？」とは聞かず、「色違いあったりしますか？」と柔らかく言うことがあると思うのですが、それと同じニュアンスを出すことができます。

接客スタイル

◁)) 01-33

日本のショップ店員さんは、次のように丁寧で、一歩引いた接客をすることが多いと思います。

服を買うとき（日本）
いらっしゃいませ。お預かりいたします。
このTシャツ可愛いですよね〜。
私も色違い持ってます〜。

しかし、アメリカでは正反対に、とてもフランクで仲の良い友達のような接客が一般的です。

服を買うとき（アメリカ）

Hi, how are you? Did you find everything OK?
（調子はどう？　ショッピングは順調？）

Yes! Everything is great. Thank you.
（うん、順調よ！　ありがとう）

Cool.
（よかった）

Omg, I love this T-shirt. I have exactly the same one. The material is so comfortable. I'm sure you're gonna love it.
（このシャツ私大好きなの。全く同じのを持ってるんだけど、生地がマジで心地いいんだよね。絶対気に入るよ）

You're getting some good stuff today, huh?
（めっちゃ良い買い物してんじゃん！）

You wanna pay with cash or card?
(現金？　クレジットカード？)

Card, please.
(カードで)

Sure. Here is your card. Receipt in the bag. Alright. Have a good day!
(おけ。カード返すね。レシートは中に入れたからね。それじゃ、良い一日を)

ショップにもよりますが、カジュアルなショップであれば、本当に日本語訳のようなトーンで話す人がほとんどです。日本のショップでは考えられないですよね。

ここで使われているmaterialは、正確には素材という意味があり、広範囲での素材に対して使われます。
つまり、この場合は洋服の話をしているので、その場合の「素材＝生地」という解釈になります。
衣類に使われる生地という場合にはfabricという単語も使われます。

good stuffで「良いもの、イケてるもの」というような意味になるので、You're getting some good stuff!（良い買い物をしたね！）という意味のカジュアルなフレーズになります。

wannaはwant to の短縮形で、ネイティブはカジュアルな会話の場合、このように短縮して使うことがほとんどです。他にも、gonna = going to（〜する）、gotta = got to（〜しなければならない）のようなものもよく使われています。自然な日常会話には欠かせない表現なのでおさえておきましょう。

gonnaやwannaといった砕けた表現が使われていることからも、いかにアメリカのショップ店員さんがフランクかわかるかと思います。

TIPS 留学前と留学後の 見た目やコミュニケーション

🔊 01-34

ショップの店員さんだけでなく、髪型やメイクも日本とアメリカで違うので、留学前と留学後でこんなふうに変わりがちです（笑）。

留学前	留学後

・前髪命
・ゆるふわ巻
・美白系メイク

・前髪なし
・テキトーお団子
・キリッと系メイク

ちなみに、留学前と留学後では当然、ちょっとしたときの英語のコミュニケーションも変わってきます。

日本で外国人の方に写真を頼まれることがあると思うのですが、留学前だと次のようにたどたどしいのが、

はい、チーっ、あっ。

3, 2, 1.
（スリー、トゥー、ワン）

留学後だとこんなに変わります。

Hey! Do you want me to take a picture of you?
（ねぇ！　写真撮ろうか？）

Alright, I'm just gonna take a bunch, OK?
（じゃあ、何枚か撮るね）

Come on! Smile!
（ほら！　笑って〜！）

Say cheese!
（チーズ！）

Alright!
（いい感じ！）

[携帯の向きを変えて]

One more!
（もういっちょ！）

留学後は写真を撮りたそうにしている人を見ると、ついこちらから声をかけたくなり、角度も変えて、自分からバンバン撮ってあげちゃいます（笑）。

bunchという単語は「たくさん」という意味で使われます。特定の数を指定せずに、「たくさん」というニュアンスを出せるカジュアルな表現です。

アメリカのスーパーあるある 🔊 01-35

アメリカのスーパーではよくあることなのですが、少ししか買うもの
がない状態で、レジの列に並んでいると、次のように言われることが
あります。

 Oh, it's just that?
（それだけ？）

 Yes.
（はい）

 Just go ahead.
（先行って）

 Are you sure?
（いいんですか？）

 **Yeah yeah, sure. Guys! She only has just
one thing. Let her through.**
（いいから。みなさん、彼女1つしかないから、通してあげて）

もちろん人によりますが、アメリカのスーパーではよくあることなので、
遠慮する必要はありません。

逆に自分の後ろに買うものが少ない人が並んでいたら、先にどうぞと
声をかけてあげられるとフレンドリーで好ましいです！

お酒が買えない時間帯

🔊 01-36

州によって時間帯が違うものの、アメリカではお酒が買えない時間帯が存在します。

私も最初のうちはこのことを全く知らなかったので、次のような会話をしてしまったこともありました。

 Ah, sorry, I can't sell alcohol.
（ごめん、お酒は売れないよ）

 Oh oh ID!!! Yeah I got you. I'm actually 25.
（あ、年齢確認ね!!!　あります。実は25歳なの）

 No, sweetheart. It's past 10. I can't sell it to you. Please come back tomorrow.
（違うよ。夜10時を過ぎちゃったから。販売できないんだよ。また明日おいで）

sweetheartは基本的には恋人の間で使う場合が多く、愛情を込めてパートナーを呼ぶときに使われますが、恋人同士ではない場合、年上の人が若い人を丁寧に呼ぶニュアンスがあります。

アルバイト

🔊 01-37

Welcome to LanCul's diner. I'll be your server tonight.

（ランカルダイナーへようこそ。
今夜は私が担当します）

Here is the menu. Let me know if you have any questions.

（メニューをどうぞ。何かご質問があればご遠慮なく）

Point

ワーホリなどで、レストランの店員として英語を使うこともあると思います。最初のうちは丁寧に型どおりの接客をすることを心がけましょう。

🔊 01-38

Hello, how are you guys doing?

（みなさん調子はどうですか？）

If you guys have questions, please let me know.

（聞きたいことがあれば、いつでも呼んでね）

I'll be right back, OK?

（じゃ、またすぐ戻りますね）

Point

2年目になると、肩の力が抜けてきて、少しフランクな接客になります。特にカジュアルなレストランなどではフランクな方が自然に映ります。

🔊 01-39

Hi guys, do you need anything for now?
（いらっしゃい、とりあえず何かいる？）

You good?
（大丈夫そう？）

OK! Just let me know.
（了解！　何でも言ってね）

Point

3年目になると、めちゃくちゃカジュアルになります。「友達に話すような感じで接客して大丈夫か？」と思う方もいるかもしれませんが、アメリカではこれこそが自然な接客とされています。

Are you good?（大丈夫ですか？）を You good?（大丈夫そう？）と省略して使っています。こうしたフォーマルな場面では使わない表現を接客中にあえて使うことで、お客さんとの距離を縮めることができます。

アメリカでは店員さんもお客さんも対等という考え方がベースにあるので、店員さんがお客さんに対してへりくだることがなく、こうしたフランクな接客スタイルが好まれる傾向にあります。

TIPS 電話応対の違い　　◁)) 01-40

日本とアメリカでは、店員さんの電話対応に大きな違いがあります。例えば、日本のカフェで予約を取るとなると、次のようにとても丁寧な対応になると思います。

電話応対 (日本)
ご予約ですね、かしこまりました。それではご希望のお日にちとお時間、人数をお伺いしてもよろしいでしょうか。明日15日、土曜日の18時に4名様ですね。はい、それではお席の方、空いておりますので、こちらでご予約を承ります。

しかし、アメリカになると次のようにとてもカジュアルなものになります。

電話応対 (アメリカ)

 OK, what time?
(何時？)

And how many?
(何人？)

And your name?
(お名前は？)

Emily, OK, I got you for 7:00 tomorrow.
(エミリーですね、では明日の7時に)

No problem. Bye.
(どういたしまして。バーイ)

このようにカジュアルな対応が主流であるため、ワーホリなどで電話応対するときもそこまでかしこまる必要はありません。
相手の顔が見えなくて緊張しやすい電話応対ですが、簡単な英語でも十分なので、落ち着いて対応してみましょう。

試着対応の違い

🔊 01-41

ショップで買い物をするときは、試着室で実際に着て、選ぶ方も多いでしょう。

日本では試着が終わると、店員さんが「いかがですか〜？」「お似合いですよ」といったように声をかけ、フォローしてくれることが多いですよね。

アメリカでは次のように、試着中も放っておかれることがほとんどです。

Excuse me, can I try this on?
（すみません、試着いいですか？）

How many pieces?
（何着？）

One.
（一着です）

OK, you can try it on right over there.
（あっちでどうぞ）

どちらが良いかは人によると思いますが、私はアメリカでこの接客に慣れてからは、放っておいてもらえる方がラクになりました。

PART 2

友達や恋人と
同じノリで話し、
遊びたい

リアルに使える、
ファッションや恋愛の英語

ガールズトーク

I thought she was with Steve!
(彼女ってスティーブとできてなかったっけ？)

🔊 02-01

Oh...
(え…)

I thought so too!
(私もそうだと思ってた！)

Yeah...
(うん…)

Wasn't she with Max?
(マックスと付き合ってなかった？)

Who's Max?
(マックスって誰？)

Hahaha.
(ハハハ)

Point

国籍関係なく女子たちが集まるとガールズトークが始まります。スピードが速く、スラングがバンバン使われるため、最初のうちは聞き取ることが難しく、あいづちを打つだけで精一杯のはずです。

会話についていけないなと思っても、あいづちは必ず打ちましょう。

あいづちは会話の邪魔になることはありませんし、そうして会話に参加しようという姿勢を示すだけでも、相手からの印象は変わってきます。

I saw Emily with Jacob.
（エミリーがジェイコブと一緒にいたんだよね）

 02-02

Wait, Emily?
（え、待って、エミリーが？）

The Emily that we know?
（あのエミリーだよね？）

I think she's cheating on James.
（ジェームズを裏切ってるんじゃないかな）

No way! I thought they were like ...in love!
（まさか！　あんなにラブラブだったのに！）

Point

　2年目になると少し慣れてきて、リアクションだけではなく自分から思ったことや意見を言えるようになります。

「まだみんなのようなテンポで話せない…」と思ったとしても、「余計な心配をしていたらついていけない」ということにも気づいているので、リラックスし、徐々に会話の輪の中に入れるようになります。

　恋愛話で意外な人物の名前が挙がったとき、Wait, 〜？で「え、待って、〜が？」と驚いている気持ちを表現できます。

🔊)) 02-03

> So, guys...actually I don't know if I should...
> （あのね…あ、でもどうしよう…）

> **Come on! You already started!!**
> （だめだよ！ もう遅い!!）

> **Yeah, spill the tea!**
> （言っちゃって！）

> So, you know, Emma and Tyler broke up like a few days ago, right? I heard Emma is already in a new relationship!
> （エマとタイラーが数日前に別れたのは知ってるよね？ エマ、もう次の人と付き合ってるらしいよ！）

> **Oh my gosh! That's crazy!**
> （え〜！ 嘘でしょ？）

> I know... Don't you think there was an overlap?
> （やばいよね…ていうか絶対二股してたと思わない？）

Point

3年目になると自信もついてきて、自分から話題を振って、会話を回せるようになる頃です。何か話したいことがあれば、So, guys...のように始めると、周りのみんなの注目を自然に集めることができます。p.49でも出てきましたが、guysは仲の良い友達に呼びかけるときに使う言葉で、女友達に対しても使われます。また、3年目ではガールズトークのようなカジュアルなシチュエーションでよく使われるイディオムやスラングにも対応できるようになってきます。

例えば、spill the tea は直訳すると「お茶をこぼす」ですが、秘密や情報を漏らすという意味のイディオムとしてよく使われています。overlapは「重複している」という意味の単語ですが、このような恋バナでは「重複＝二股」という意味で使われます。

アメリカ女子の恋バナ

◁)) 02-04

アメリカでは、恋愛の近況を話すときに、次のようにコロコロ相手が変わる子が多かったように思います(笑)。デートに対する考え方がもっとカジュアルで、告白がないなど恋愛文化に違いがありました。

You know the guy I'm talking to?
(ねぇ、私が今いい感じの人、知ってるよね?)

Who? Ethan?
(誰?　イーサン?)

No, Tyler!
(違うよ、タイラー)

What about Chad?
(あれ、チャドは?)

I stopped talking to Chad cuz he introduced me to Michael.
(私をマイケルに紹介してもらうためだったから、話すのやめた)

I thought it was James.
(それジェームスじゃなかった?)

No, James was the guy who I met on Tinder.
He had really bad commitment issues.
(ジェームスはティンダーで会った人。ただのチャラ男だった)

I thought it was Brad.
(それブラッドじゃなくて?)

No, Brad was the one who ghosted me.
And that's why I started talking to Tyler.
(ブラッドとは音信不通になって。だからタイラーに移ったの)

会話がはずむあいづち

🔊 02-05

ガールズトークに限らず、タイミングよく、バリエーション豊かにあいづちを打っていくことは、会話ではとても大切なことです。

あいづちしだいで、その会話が盛り上がるか、盛り上がらないかが決まるといっても過言ではありません。

特に、次のあいづちは会話でもよく使えるので、ぜひ覚えておいてください。

Makes sense.
（なるほどね）

Right.
（そうだね）

True.
（たしかに）

I know.
（それな）

Damn.
（まじか）

Hmm.
（ふーん）

Uh-huh.
（うんうん）

What?
（えっ？）

I agree.
（わかるわ）

No way.
（嘘でしょ？）

Are you serious?
（本気で言ってる？）

Same here.
（私も、同じく）

Fair enough.
（たしかに）

Exactly.
（そのとおり）

I know, right?
（でしょ？）

遊びの誘いが急すぎる

◁》02-06

友達を遊びに誘うときは、日本では遅くとも前日には声をかけること が多いと思います。

一方でアメリカでは、次のようにめちゃくちゃ直前に誘うことも。最 初はビックリしてしまうかもしれませんが、慣れてくると、自分も前もっ てではなく直前に誘うようになっていきます。

Hi, good morning.
（おはよ～）

I just woke up.
（今起きたんだけど）

It's 1 now. How about getting lunch about in an hour?
（今13時だから、1時間くらいしたらランチでもどう?）

Like around 2.
（14時くらいで）

ガールズトーク（相談に乗るとき）

アメリカ 1年目

🔊 02-07

Are you OK? You can talk to me anytime.
（大丈夫？　いつでも話してね）

Point

「大丈夫？」と尋ねるときの定番、Are you OK?を使って相手の様子を窺いながら、You can talk to me anytime.（いつでも話してね）と伝えましょう！
anytimeをつけることで、相手が安心して相談しやすい空気感を作ることができます。

アメリカ 2年目

🔊 02-08

Is everything OK? You know, I'm always here to listen.
（大丈夫？　私でよければいつでも話し相手になるからね）

Point

2年目になると、相手に合わせてかける言葉も使い分けられるようになってきます。

Are you OK?とIs everything OK?はどちらも「大丈夫？」と心配する意味で使いますが、ニュアンスに少し違いがあります。
Are you OK?は相手に何があったか知っていたり、予想がついたりするときに、相手のことをダイレクトに心配するニュアンスがあります。一方、Is everything OK?は何があったかは知らないけど、なんだかいつもと様子が違うとか、気になることがあるときに使います。

I'm always here to 〜.で「いつでも〜するよ」という意味です。

アメリカ 3年目

🔊 02-09

I feel like something is going on with you.
I don't know what happened but remember you can always vent to me. Call me if you need, OK?

（ねぇ、もしかして何かあった？　何があったかは知らないけど、いつでも愚痴なら聞くからね。必要なときは電話してね）

Point

2年目と同様、こちらから相手の異変に気づき話しかけていますが、I feel like 〜．（〜な感じがする）という言葉であえて断言しないという配慮をすることで、「ひょっとして何かあった？」とさりげなく相手の悩みを聞いています。

vent to 〜（〜に愚痴を言う）を使って、「いつでも愚痴聞くからね」と声をかけ、相手が相談しやすい雰囲気を作り上げています。

Level 10

level 10と聞いて、パッとどんな意味かわかりますか？
スラング的な言葉なのですが、アメリカでは仲の良い友人と次のようなシチュエーションでよく使われます。

I need you to call me in five minutes. And say you need me to come and get you.
（5分後に電話してくれない？　で、今すぐ迎えにきてって言って）

OK. Level 1 or level 10 emergency?
（わかった。　緊急レベル1？　10？）

Level 10, level 10. You need to get me out of here now.
（レベル10、レベル10。今すぐ抜け出したいの）

OK, I'll start crying. Put me on the speaker.
（じゃ、私泣き出すから。ちゃんとスピーカーにしてね）

男の人と想定外のシチュエーションになってしまい、抜けだしたいとき、そんな緊急事態をlevel 10とスラング的に表現します。

Shut up!

🔊 02-11

〰〰〰〰〰〰〰〰〰〰〰〰〰〰〰〰〰〰〰〰〰〰〰〰〰〰〰〰〰〰〰〰〰

英語が得意でない人でも、shut up の意味を知らない人はいないと思いますが、仲の良い友達同士では次のように使われることがあります。

I think Peter and Mary are dating.
（ピーターとマリーって付き合ってると思うよ）

Shut up!
（嘘！）

Oh my gosh, I won the tickets for Taylor Swift's concert!
（やばい！　テイラー・スウィフトのコンサートのチケット当たった！）

Shut up!
（まじで？）

Shut up! Your dress is so pretty!
（ねぇ！　そのドレス超素敵！）

学校で習う Shut up!（黙れ）という意味ではなく、No way!（嘘でしょ）といったニュアンスで使われるのです。

実際の日常会話では、Shut up! と言うほど怒る場面はほとんどなく、Shut up! は驚きを表す表現として使われることが多いです。

準備が遅い友達への対応

アメリカ
1年目

🔊 02-12

Are you ready?
（準備できた？）

Sorry, give me one more minute.
（ごめん、あと1分ちょうだい）

Ah, OK!
（あっ、了解）

Point

1年目は相手が遅れていても、「そっか」という感じで待つこと以外できないと思います…。

アメリカ
2年目

🔊 02-13

Hello? Can we go now?
（ねぇ？　もう行けそう？）

Sorry, give me one more minute.
（ごめん、あと1分ちょうだい）

OK, but we really have to get going.
（いいけど、本当にもう行かないとだよ）

Point

2年目になると、遠慮がちではありますが、相手を急かすことができるようになってきます。
get going は「出発し始める」という意味の表現です。

アメリカ
3年目

◁)) 02-14

Dude! What are you doing?
（ねぇ、何してんの？）

Sorry, give me one more minute.
（ごめん、あと1分ちょうだい）

It's been five minutes already.
（もう5分も待ってるから）

Come on! Get your shit together!
（もう、しっかりしてよ！）

Point

3年目になると、遠慮なく相手を急かします（笑）。
相手との関係性にもよると思いますが、日本でも仲の良い友達同士だとこれぐらい直接的に言うことで、距離が近く感じられることもあると思います。

dudeはアメリカ英語のカジュアルな呼びかけや呼称として使われるスラングの1つです。性別や年齢に関係なく、呼びかけとしてや、驚きや強調の際に使われます。
get your shit togetherは、カジュアルなフレーズで、直訳すると不適切に聞こえるかもしれませんが、実際の意味や使い方には様々なニュアンスが含まれています。大まかな意味は「しっかりして！」です。
どちらも非常にカジュアルで砕けた言葉なので、フォーマルな場面や初対面など、状況によっては使うのを控える方がいい場合もあります。

友達と久々に会ったとき

アメリカ
1年目

🔊 02-15

> **Long time no see!
> How have you been?**
> （久しぶり！　元気だった？）

Point

「久しぶり」と言うときの定番フレーズが Long time no see. です。　実は他にも同様の意味を持つ言い回しはありますが、慣れていないうちは一番身近なこのフレーズを使えば全く問題はありません。

アメリカ
2年目

🔊 02-16

> **It's been ages! How are
> you doing?**
> （すっごく久しぶりだね！　元気？）

> **We have a lot to catch up!**
> （もう話すことがたくさんあるよ！）

Point

It's been ages. は特に長い間会っていなかった相手に使えます。
カジュアルな会話の中ではよく使われる表現で、距離感の近い相手に使うことができます。

アメリカ
3年目

(<)) 02-17

> **What's up! I missed you so much!**
> **I'm so happy to see you!**
> (おお〜！　会いたかったよ！　会えて本当に嬉しい！)

> **So how's life? Tell me everything!**
> (で、最近どうなの？　色々聞かせて〜！)

Point

久しぶりに会った相手に、「会いたかった！　会えて嬉しい」と言われるとこちらも嬉しいですよね。I missed you.を使うことで、ただの形式的な挨拶でなく、相手の気持ちに響く言葉になります。

また、I'm so happy to 〜.は「〜できて嬉しい」という意味になります。
How's life?は直訳すると「人生はどう？」ですが、そこまで重い意味はなく、「最近どう？」程度のニュアンスでカジュアルに使うことができます。

友達との予定をキャンセルするとき

アメリカ
1年目

◁)) 02-18

I'm sorry, I need to cancel our plan for this Sunday.
(ごめんね、今週の日曜日の予定キャンセルしないといけなくなっちゃった)

Point

英語に慣れていなくても、行けなくなったことをはっきりと伝えなければいけません。

最初のうちはシンプルな表現を使って、予定をキャンセルしないといけないことを伝えましょう。

アメリカ
2年目

◁)) 02-19

Sorry for canceling at the last minute but something came up and I won't be able to go this Sunday anymore. Can we please reschedule it?
(ギリギリで申しわけないんだけど、用事ができて今週の日曜は無理になっちゃったの。リスケしてもいい?)

Point

at the last minute で「ギリギリに」という意味です。Something came up.は何か用事ができてしまったときや、やらないといけないことができたときに使うカジュアルなフレーズです。

reschedule は「予定を変更する」、または「再スケジュールする」という意味の単語です。

また、pleaseを使うことで、丁寧にリクエストしているニュアンスが出ます。

アメリカ
3年目

🔊 02-20

Hey. So, about this Sunday, something suddenly came up and I won't be able to make it anymore. I'm really sorry. Let me make it up to you another time!

（今週の日曜だけど、用事が急にできていけなくなっちゃったの。本当にごめんね。今度埋め合わせさせて！）

Point

先ほどのSomething came up.にsuddenly（急遽）を加えることで、突然用事ができていけなくなったという細かいニュアンスまで伝えることができます。make itは「何かをうまくやる、何かに間に合う」ということを表すカジュアルな表現です。そして最後にmake it up to you（埋め合わせをする）とつけ加えることで、本当に自分が申しわけないと思っていて、そのことを今度フォローするつもりであると伝えることができます。

TIPS

待ち合わせ

◁)) 02-21

待ち合わせについても、日本人とアメリカ人だと感覚が違ってきます。

日本だと次のように、待ち合わせ時間からきっちり逆算して家を出るという感じだと思います。

明日は12時に待ち合わせだから…。

11時50分くらいに着くとして、
11時13分の電車だとちょうどいいのか…。

じゃあ11時5分に家を出よう!

しかし、アメリカの場合、次のように大ざっぱになります(笑)。

So, we're meeting at 12...
(12時に待ち合わせか…)

Well...just leave whenever I'm ready...yeah!
(とりま…準備できた頃に家出ればいいよな、うん!)

私もアメリカ生活が長くなればなるほど、待ち合わせ時間についてはアバウトになっていきました。

TIPS 血液型占いは通用しない？ 🔊 02-22

日本では普通にある、相手の血液型についての話も、アメリカでは次のように全く通用しないので注意しましょう。日本の血液型のように性格診断でよく使われるものは星座です。聞かれたときに答えられるように、自分の星座を英語で覚えておくと便利です（p.83参照）。

What's your blood type?
（血液型何？）

What?! That's a random question. Why do you wanna know?
（え?!　急に何？　なんでそんなの知りたいの?）

I'm just curious because I think you're A, like for sure.
（ただ気になっただけだよ。だって絶対Aだと思うんだよね）

It's so weird that you're guessing my blood type.
（人の血液型を予測するなんて変だよ）

Come on, what is it? Just tell me.
（いいから、で、なんなの？　教えてよ）

I mean I don't even know. Ask my doctor or something.
（いや、そんなの知らないよ。医者とかに聞いてよ）

プレゼントをもらったとき

🔊 02-23

Thank you so much! What is this? Can I open it?
（ありがとう！　なんだろう？　開けても良い？）

［プレゼントを開ける］

I like it! Thank you!
（気に入ったわ！　ありがとう！）

Point

相手はリアクションが気になっていることが多いので、アメリカではプレゼントをその場で開けることが多いです。

1年目では素直に感謝の気持ちをシンプルな英語で表現するのがベストです。

アメリカ **2年目**

🔊 02-24

**Oh! Thank you so much!
I'm so excited to open it!**
（ありがとう！　開けるのワクワクする〜！）

[プレゼントを開ける]

I love it! You're the best!
（これ最高！　ありがとう！）

Point

I'm so excited to 〜. （〜するのワクワクする）という表現を使うことで、相手のプレゼントに対する期待をうまく表現しています。

You're the best. は感謝するときにネイティブがよく使う表現ですが、「あなたは最高と思うほど感謝してる！」というニュアンスで、Thank you. の代わりになります。

アメリカ
3年目

◁)) 02-25

You didn't have to! Thank you! This is so sweet of you.

(いいのに〜! ありがとう! 優しいね)

[プレゼントを開ける]

Wow, this is amazing! You really know my taste! Thanks a lot.

(わぁ、素敵! 本当に私の好みわかってる! ありがとう!)

Point

プレゼントをくれた相手の優しさに感謝をしたいとき、You didn't have to.(いいのに)や、It's so sweet of you.(優しいね)といった言葉を使うことで、スマートに気持ちを伝えることができます。

You really know my taste.(本当に私の好みがわかっている)も相手が言われると嬉しい表現なので、覚えておくと便利です。

TIPS　星座

◁» 02-26

血液型で性格などを予想することはありませんが、日本と同様、アメリカでも星座によって相手の特徴を当てようとすることはよくあることです。

Aries　牡羊座	energetic　活力に満ちている assertive　自己主張が強い competitive　競争心が強い
Taurus　牡牛座	practical　現実的 reliable　頼りになる ambitious　野心的
Gemini　双子座	dynamic　ダイナミック sociable　社交的 like being around people　人と関わることが好き
Cancer　蟹座	emotional　感情豊か intuitive　直感型 deeply sentimental　深く愛着を持つ
Leo　獅子座	courageous　勇気がある passionate　情熱的 charismatic　カリスマ的
Virgo　乙女座	hard-working　努力家 analytical　分析的 methodical　几帳面
Libra　天秤座	diplomatic　外交的で社交的 fair-minded　公平主義
Scorpio　さそり座	passionate　情熱的 resourceful　優秀 intense　強烈
Sagittarius　射手座	adventurous　冒険心がある philosophical　哲学的 optimistic　楽観的
Capricorn　山羊座	ambitious　野心的 disciplined　規律正しい patient　忍耐強い
Aquarius　水瓶座	innovative　革新的 unique　ユニーク open-minded　視野が広い
Pisces　魚座	imaginative　想像力豊か compassionate　思いやりがある intuitive　直感型

TIPS 教科書英語 vs. リアル英語 ◁)) 02-27

教科書で習う表現も十分相手に伝わりますが、友達同士での会話、特に感情が大きく上下するときは、教科書どおりの表現ばかりを使うと硬い印象を与えることも。

感情的になるときはネイティブが日常的に使うリアルな英語を使えると、相手があなたに親近感を抱きやすくなります。

①超おもしろい

教科書英語	That's very funny.
リアル英語	I can't.

②超おいしい

教科書英語	This is really delicious.
リアル英語	This is so good.

③本当にありがとう

教科書英語	Thank you very much.
リアル英語	I love you.

①何か爆笑するような面白いことが起きたとき、日本語でも「まじ、無理!」のようなリアクションすることがあると思いますが、それに近いカジュアルな表現がI can't.です。

②友達や家族など、カジュアルな食事の場で、deliciousという表現を使ってしまうと、硬い印象を与えることもあり、あまり使われません。代わりにgoodが使われますが、so goodと表現することで「超おいしい! まじうまい!」のようなニュアンスになります。

③もちろんThank you.を使っても何も問題はないですが、特に仲が良くなった友達や、関係が近い人へは愛情のこもった、フレンドリーなI love you.を使ってお礼をすることもできます。

日本人は謝りすぎる

◁)) 02-28

友達との約束の時間を自分の都合で変更するとき、次のように謝るのは普通だと思いますが、この頻度でも、アメリカでは謝りすぎと取られることが多いです。

Oh, hey Ari? Can we meet up at 10 instead of 11 tomorrow? I'm sorry.
(あ、もしもしアリ？　やっぱり明日11時じゃなくて、10時に待ち合わせでも良いかな？　ごめん)

Yeah sure. Don't be sorry.
(うん、わかった。そんな謝らないでよ)

Sorry. I had to change time so...
(ごめん。私の都合で時間変えちゃったから…)

Yeah...that's totally fine. Don't feel bad or anything. It's OK.
(うん、でも本当に問題ないよ。悪く思わないで。大丈夫だよ)

Yeah I know. I'm sorry.
(うん、そうだよね。ごめん)

最初に謝って、相手が「気にしなくていいよ」といった言葉をかけてくれたときは、重ねて謝りすぎないように注意しましょう。

可愛い服を見かけたとき

…
[うわ、この人のジャケット可愛い…。どこのだろう…]

Point

日本では知らない人に声をかける文化がないので、誰かが着ている服を「可愛い！」と思っても、黙っていることがほとんどだと思います。

アメリカでは道端で知らない人に服装を褒められることが頻繁にあり、実は声をかけても日本のように「変な人だな…」と警戒されることはありませんし、みんな笑顔で返答してくれることがほとんどです。

アメリカ
2年目

🔊 02-29

Hey! I like your jacket.
（ねえ、ジャケット素敵ね）

Oh thanks!
（ありがとう！）

You're welcome!
（どういたしまして！）

🚩 **Point**

2年目になると、アメリカの初対面の人へ声をかける文化に慣れてきて、自分から相手に声をかけられるようになります。

I like 〜.は相手を褒める定番フレーズで、〜を入れ替えて、次のように使えます。

I like your outfit!
（服、素敵だね）

I like your style!
（スタイル、素敵だね）

I like your earrings!
（イヤリング、素敵だね）

I like the color of that dress on you!
（ドレスの色、素敵だね）

I love your jacket.
（そのジャケット超可愛い）

Oh thanks!
（ありがとう！）

**Where did you get that?
Can you send me a link?**
（え、どこのやつ？
リンク送ってくれない？）

Sure!
（いいよ！）

**Um, this is my Instagram.
You can shoot a DM.**
（これ私のインスタだから。
DMに投げちゃって〜）

Got ya!
（おっけ！）

Thanks.
（どうも）

3年目になると、like ではなく love を使って、よりハッキリ自分の気持ちを伝えられるようになります。

そして、服のブランドを自分から聞く積極性まで出てきます。

日本では信じられない行動だと思いますが、相手が身につけているものに関して自分の好意を示すことで、相手と連絡先の交換をするという流れになるのは自然なことです。

私もこうした一言がきっかけで、長い付き合いになる友人ができたことがあります。自分が素直に「いいな！」と思えるファッションをしている人がいれば、どんどん声をかけてみてください。

shoot a DM という表現は特に若者の間で使われている SNS スラングです。DM（ダイレクトメッセージ）でメッセージしてほしいときや、何かを送ってほしいときに「DM して！」程度の軽いニュアンスで使います。

ccute は「可愛い」じゃない？　📢 02-31

日本語の「可愛い」の意味合いでそのまま cute と言うと、ニュアンスが異なる場合があるので、注意しましょう。私も普通に cute を「可愛い」として使っていたら、友人に次のように注意されました。

My brother just graduated from high school.
（弟が高校を卒業したの）

That's awesome! Are you guys close?
（おめでたいね！　弟と仲良いの？）

Yeah we're really close! He is so cute.
（うん、仲良いよ。めっちゃ可愛いんだ）

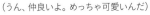

What?! Ewwwww! Stop!
（え？！　おえ〜〜〜！　止めてくれよ）

What do you mean? He's so cute to me!
（どうして？　私にとっては可愛いんだから！）

Cute? You think he's hot?
（キュート？　魅力的ってこと？）

No, I mean like he's nice and kind...
（いや、彼はいい子だし、優しいし…）

Oh, you mean sweet. OK, good.
（あ、そういう可愛いね。よかった）

cuteは直訳すると「可愛い」ですが、恋愛対象になり得る年齢の異性に対して使うと、「性的魅力がある」という意味になるのでhotと近い意味で使われます。

今回のように弟のことを「いい子で、弟として可愛くて」と言いたいのであれば、sweetが一番近い表現になります。また、「可愛らしいお爺さん」のような意味であればadorableがぴったりです。

「可愛い」は全部
cuteじゃないのか〜

ホームパーティー

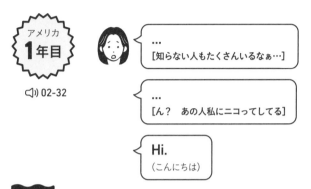

...
[知らない人もたくさんいるなぁ…]

...
[ん？　あの人私にニコってしてる]

Hi.
（こんにちは）

🚩 **Point**

日本ではホームパーティーの文化があまりないので、慣れないことがほとんど
だと思いますが、アメリカでは友達大勢を招待して自宅で行われるパーティー
がしょっちゅうあります。

そして、面識がない人がたくさん参加するので、初対面の挨拶を頻繁にするこ
とになります。知らない人へ自分から話しかけるのは難しいと思いますが、挨拶
は最低限のマナーなので、何か一言声をかけてみましょう。

アメリカ
2年目

◁)) 02-33

Hi Ari! So great to see you!
（アリ〜！　会えて嬉しいよ！）

Hey! Great to see you as well!
（おお！　俺もだよ！）

Oh, have you met Abby?
（あれ、アビーに会ったことあるっけ）

Um...
（いや…）

Abby, this is Natsu. Natsu,
this is Abby.
（アビー、こちらがナツだよ。ナツ、こちら
はアビー）

Nice to meet you.
（はじめまして）

Nice to meet you too.
（よろしくね）

Point

友達が自分と面識のない人と一緒にいる場合は、間に入って紹介してくれるの
で、流れに沿ってお互い挨拶をすることがマナーです。また、逆の立場でも、自
分の同伴者を知らない人がいれば、間に入って紹介できるようにしておくとと
てもスムーズです。

Hi Ari!!!
（アーーーリ）
［ハグする］

How are you doing?
（元気にしてる〜？）

**Lovely to meet you. I'm Natsu.
I love your outfit!**
（会えて嬉しいわ！　私はナツ。その服素敵）

Hey, have you seen Alex around?
（ねぇ、アレックス見てない？）

No.
（見てないな）

No? OK, well.
（見てないか）

**I'll go around and say hi to
everyone. Let's catch up
later, yeah?**
（皆に挨拶してくるね。あとで色々話そ）

3年目になると、紹介してもらわなくても自分から挨拶をして積極的に会話をすることができます。

また、会話の様子からわかるように、ホームパーティーに参加した際は一周してみんなに挨拶をして回るのもマナーです。その際に Let's catch up later. というフレーズを使うことで、「またあとで話そうね！」と、印象よくその場を去ることができます。

自分も譲ってしまう

🔊 02-35

Here you go.
どうぞ。

あっ、どうぞ。

日本ではあまりレディーファーストの文化がないので、突然、扉などを開けられて道を譲られると戸惑ってしまうと思います。

そして、とっさに英語も出てこないので日本語で、なぜか自分も相手に譲ってしまうということになりがちです（笑）。

違和感があるうちは無理にこの文化に合わせる必要はないですし、日本人のこうした控え目な態度を良いと言ってくれる人もいるので、気にする必要もありません。

 Point レディーファースト的な気遣いを受けて、恥ずかしくなってしまうことがあれば、その気持ちをそのまま表してしまって構いません。ただ、相手にも自分の気持ちが伝わるよう、こちらも Here you go. と言うなど、とっさの言葉も英語で言えるように心がけましょう。

レディーファースト

おじぎをして、受ける

Conversation **2nd Year**

Here you go.
どうぞ。

［おじぎをする］

2年目になると、レディーファーストにも慣れてきて、照れながらも受けられるようになります。

日本人の癖あるあるですが、とっさにペコっとおじぎをしてしまう習慣は、なかなか体から抜けきらないですよね（笑）。もし、お礼の言葉を声に出して伝えたり、慣れた態度で受け入れたりすることがとっさには難しく、違和感を感じる場合は、おじぎをして受け入れましょう。

Point

「ありがとう」の気持ちがあるのであれば、それをおじぎで示すのもアリです。アメリカにはない文化ですが、こうした行動を否定的に受け取るアメリカ人はいません。

レディーファースト

アメリカ **3**年目

当たり前になる

◁》02-37

Conversation 3rd Year

Here you go.
どうぞ。

Thanks.
ありがとう。

3年目になると、レディーファーストも当たり前のものになります。ここまでの流れを見ると、少し傲慢になってしまったのではないかと思うかもしれませんが（笑）、相手にそういった印象を与えることはないので、気にする必要はありません。

アメリカではレディーファーストはマナーの1つだと言えるぐらい浸透しています。なので、相手に対して必要以上に遠慮することはありません。

Point　レディーファーストを遠慮せず、自然と受けることで、その場のコミュニケーションがスムーズにいくことも。ちょっと余裕を持って、相手の好意を受け入れることでスマートな印象を与えることができます。

TIPS 電車の席も レディーファースト？

◁)) 02-38

電車に乗っていると、男性から席を譲られることはよくあります。

Hey, you wanna take a seat?
(あの、ここ座る？)

と声をかけられて、席を譲ってくれるのですが、やはり慣れないうちはどうしても遠慮してしまいます。
私も次のような感じで徐々に慣れていきました。

アメリカ1年目
遠慮しすぎて、座れない

↓

アメリカ2年目
遠慮しながらも、最終的には座る

↓

アメリカ3年目
素直に受け入れてお礼を言う

ここでも相手からの気遣いはそのまま受け入れる方がスマートなコミュニケーションとされます。

タイプの人を見つけたとき

(1) 02-39

Excuse me. Hello, my name is Natsu. Nice to meet you.
(すみません、こんにちは。私はナツです。はじめまして)

Point

初対面の人に話しかけるとき、特に相手に好印象を持たれたいときは、丁寧に自己紹介をするのが礼儀だと思いますよね。

このように自分から挨拶をすればあやしい人だと思われることは、まずありません。基本的な表現を使うだけでも十分です。

しかし、タイプの人と知り合って仲良くなりたいのであれば、硬い雰囲気の挨拶から入ってしまうと、このあとでフランクな会話に踏み込みづらくなってしまうので、慣れてきたらもう少しカジュアルに声をかけたいところです。

2年目

**Hello, how is it going tonight?
What are you drinking?**

（どうも、調子はどう？　何飲んでるんですか？）

🔊 02-40

Point

1年目よりはカジュアルな挨拶の表現、How is it going?を使っています。名前や基本情報を伝える前に、相手との距離をさりげなく近づけるため、相手の飲んでいる飲み物について質問をしています。

こうした質問から、次のように会話が発展していくこともあります。

What are you drinking?
（何飲んでるんですか？）

Oh, I'm having a margarita.
（あぁ、マルガリータだよ）

Sounds good! I might have that one too.
（いいね！　私も頼んだ方がよかったかな）

Yeah, it's really good. Let me get that for you.
（うん、本当に美味しいよ。奢らせてよ）

Oh, thank you so much! You're really sweet.
（えっ、ありがとう！　すごく優しいね）

**Hey, I like your jacket.
Where did you get it?**
(そのジャケットいいね。どこで買ったの？)

◁)) 02-41

3年目になると初対面の人に話しかける自信がつき、最初の一言を発するときに、勢いのようなものがついてきます。
アメリカでは初対面でもフランクに会話を始めるカルチャーがあるので、丁寧な挨拶をするよりもよりカジュアルに話しかけ、「この人ともっと話してみたい！」と思ってもらうことが大切です。

道端を歩いているときに知らない人から洋服や自分の持ち物について褒められることもよくあります。

そのため、タイプの人に声をかけるときも、まずは相手を褒めることを入り口にすると自然な会話に繋がりやすいです。

「なかなかハードルが高い！」と思ってしまうかもしれませんが、褒められることで不快な気持ちになる人はほとんどいないと思います。ぜひ、相手のいいなと思う部分を見つけて、声をかけてみてください。

具体的には相手の服装や身につけているもの、持っているものを褒めることから始めるといいです。

**I love your shoes! Do they come in
men's/women's sizes too?**
(その靴すごく素敵！　男性用／女性用サイズもあるの？)

**That's a beautiful necklace you're
wearing. Does it have a special meaning?**
(その [身につけている] ネックレス綺麗。何か特別な意味はあるの？)

日本人の感覚だと、「突っ込みすぎた質問なのでは？」と思うかもしれませんが、アメリカでは何か特別な意味があってアクセサリーをつけている人が多く、その意味を聞かれても説明することに抵抗がない人が多いです。むしろ、「そのことについて話したい！」とたくさん語ってくれる人もいます。ですので、気にしすぎず少し踏み込むくらいの方が会話を広げることができます。

You have such a great sense of style. Where do you usually shop?
（すごくセンスいいね。いつもどこのお店で買っているんですか？）

Where do you usually shop?のshopは動詞として使われていて、物やサービスを購入する行為を意味します。

I noticed your book/magazine. It looks interesting. What's it about?
（気づいちゃったんだけど、その本／雑誌面白そうだね。何についての本／雑誌？）

デートに誘われたとき

アメリカ
1年目

🔊 02-42

Yes の場合

Yes, of course!
（はい、もちろん！）

No の場合

No, sorry, I can't.
（ごめんなさい、行けないわ）

Point

yes、noとハッキリ答えることで勘違いはされませんが、直球すぎる答え方になってしまっています。Yes の場合はガッツいている印象を与えてしまい、No の場合は「嫌だ！」と強い否定のニュアンスが出てしまうので、もう少し柔らかく相手に気持ちを伝えたいところです。

◁)) 02-43

Yes の場合

I'd love to. Thanks for asking.
（ぜひ喜んで。誘ってくれてありがとう）

No の場合

I'm sorry, I don't think I know
you enough yet.
（ごめんなさい、まだあなたのことよく知らないから）

Point

1年目のyesよりもガッツいた印象がなく、しかし前向きで、上品な印象を与えることができるのがI'd love to. です。
さらに、誘ってくれたことへのお礼もあわせて伝えられるとベストです。

ソフトに断る場合、「あなたのことを知らないから」と理由を伝えることで、相手に引いてもらうこともできますが、相手が「知らないからこそ、遊びに行ってみよう」と食い下がってくるパターンもあります。

一発で相手に引いてもらいつつ、かつ1年目のNo, 〜.ほど強いニュアンスの出ない表現は、次ページの3年目へ。

Yes の場合

Sounds good. I'm looking forward to it.

（いいね。楽しみにしてるね）

 02-44

No の場合

I appreciate it, but honestly I don't see you that way. I'm sorry.

（嬉しいんだけど、正直恋愛感情はないの。ごめんね）

Point

sounds goodはデートの誘い以外にも、誘われたときの答え方としてカジュアルにyesと伝えられる表現です。

sounds good（聞こえがいい）→楽しそう→行きたいというニュアンスになるので、かなり前向きな印象がある答え方です。

さらに、「楽しみにしてるね」と一言伝えられると、デートの日までお互い気持ちを盛り上げながら過ごすことができます。

3年目になると断るときはハッキリと断るのも思いやりという文化に慣れてきます。日本ではなるべく相手を傷つけないように遠回しに伝えようとする文化がありますが、欧米ではハッキリと断る方が相手を傷つけないというマインドがあります。

なので、もし誘ってくれた相手を恋愛対象として見られないのであればハッキリと伝えてあげた方が、こじらせずに終わらせることができる場合が多いです。

1年目のものより強い断り方に思えるかもしれませんが、理由も告げずに断るよりは、しっかりと恋愛対象でないことを伝える方が相手への配慮があるという考え方なのです。

PART 2 友達や恋人と同じノリで話し、遊びたい

アメリカ **3年目**

109

デートに誘う

アメリカ
1年目

🔊 02-45

Can we go on a date if you don't mind?
（もしあなたがよければ一緒にデートに行かない？）

Point

go on a dateで「デートに行く」という意味の直接的な表現ですが、まだ自信が十分でないため、if you don't mind（もしあなたがよければだけど）と様子を見ながら、疑問文で迷惑に思われない程度に聞いてみます。

少し遠慮しながらも、基本的な「デートに行かない？」という表現を使っているため、ハッキリと濁さずに誘うことができる安全なフレーズです。

アメリカ
2年目

🔊 02-46

I was wondering if you wanna go get coffee with me this weekend.
（今週末一緒にコーヒーでもどう？）

Point

1年目のようにdateという言葉を直接的に使わなくても、少し遠回しに誘う余裕が出てきます。I was wondering if 〜.という表現で「〜はどうかな？」という柔らかい誘い方になるので直球すぎる印象もなく、あなたと2人で過ごしたいという意思を伝えることができるため、相手もこれはデートの誘いだと受け取ってくれます。

アメリカ
3年目

🔊 02-47

Do you wanna go out sometime? I found the bar I think you'd really like.

(今度出かけない？　あなたが好きそうなバーを見つけたんだ)

Point

Do you wanna 〜?は直訳してしまうと「あなたは〜がしたい？」という意味なので、「あなたは (私と) 出かけたい？」というような少し上から目線の表現だと思うかもしれませんが、実は「〜しない？」と相手をカジュアルに誘うときに使える表現です。

go out は「出かける」という意味ですが、「デート」というニュアンスが強いため、カジュアルに誘いながらも「これはデートだよ」「あなたに恋愛感情があって誘っているよ」というメッセージも伝えることができており、絶妙なバランスの誘い方と言えます。

ナンパを断る

Hey, can I get your number?
（ねぇ、電話番号教えてよ）

🔊 02-48

I'm sorry. No thank you.
（ごめんなさい、大丈夫です）

🚩 **Point**

まだアメリカの文化や英語に慣れていないときに、いきなりナンパされたらあたふたしてしまいますよね。

しつこくされる前にキッパリ断りたいので、日本語の感覚で翻訳しても使いやすい、No, thank you.（大丈夫です）を使ってその場で断りましょう。

しかし、あまり強くはない断り方なので、Come on.（いいじゃーん）としつこく聞いてくる人の対処までは難しいです。

◁)) 02-49

Hey, can I get your number?
（ねぇ、電話番号教えてよ）

Sorry, I'm not interested.
（あ、興味ないです）

Point

1年目よりも強めにキッパリと興味がないことを伝えます。

sorryの言い方として、申しわけなさそうにではなく、「悪いけど」くらいの強い態度を持って、このフレーズを使いましょう。

それでもしつこく声をかけてくる場合はI am in a real hurry.（急いでるの）などとつけ加えてその場を去りましょう。

Hey, can I get your number?
(ねぇ、電話番号教えてよ)

 02-50

I'm waiting for my husband.
(旦那待ってるの)

Point

3年目になるとナンパへの対処にも慣れてきます。
一撃で相手を諦めさせることができる一言がこちら。

経験上、どんなにチャラい男子たちもこの一言を言えば、しつこくしてくること
はありません。

たとえ結婚をしていなくても効果抜群なので、ぜひ使ってみてください。

ナンパの断り方の違い

◁)) 02-51

日本でよくあるナンパの対応というと、どんなに声をかけられても、シカトしてしまうことがほとんどだと思いますが、アメリカでは次のように多少のコミュニケーションがあることがほとんどです。最初からバッサリいくこともできますが、その日の気分によっては、ちょっとコミュニケーションを取ってみるのもアリです。

Hey girl! Where are you going? Looking good today!

（おねぇさん！　どこ行くの？　キミ可愛いね）

Oh thank you. You too!

（ありがとう！　あんたもね）

What are you doing today?

（今日何してるの？）

I'm just hanging round here.

（ちょっとぶらぶらしてるだけ）

Are you from around here?

（ここら辺住んでるの？）

No, actually I'm just visiting.

（全然違うところよ）

OK, I can show you around town if you want.

（じゃあ、良かったら俺がこの街を案内するよ）

I have a boyfriend so... Thank you tho.

（私彼氏がいるから…。気持ちはありがたいわ）

ナンパは1年目の方が うまく断れる？

🔊 02-52

ナンパの対処法は色々ありますが、相手の英語の意図がわからない1年目の方が、結果的に次のようにスマートに相手をあしらえることがあります（笑）。

 Oh hi.
（やあ）

 Me?
（私？）

 Are you a magician? Because every time I look at you everybody else disappears.
（君ってマジシャンなの？　だって君を見るたびに、周りの皆が消えちゃうんだ）

 Uh...Disappear...Oh yeah um...Where are they going?
（あ〜、いなくなる…たしかに、どこ行くんだろうね？）

 Never mind. Have a nice day.
（まあ、いいや。良い一日を）

最近いい人いないの？

アメリカ
1年目

🔊 02-53

Hey, are you seeing anyone lately?
（ねぇ、最近いい人いないの？）

Um...
（いや…）

Come on!
（いるでしょ！）

Yeah...there is someone.
（まぁ、いるっちゃいるけど）

🚩 **Point**

1年目だと英語でどんなふうに表現すればよいかわからないし、そもそもこういったことを聞かれたときに、どう答えるべきかわからないので、何となく濁す感じの返事になってしまいます…。

アメリカでは友達同士で恋愛のことをオープンに話したり、相談したりすることが多いので、言葉を濁すと「信頼されてないのかな？」と誤解させるような印象を与えてしまうこともあります。もしあまり話したくないのであればNot really.（いや、特には）などとハッキリ濁す方が相手も悟ってくれます。

PART 2　友達や恋人と同じノリで話し、遊びたい

117

> **Hey, are you seeing anyone lately?**
> （ねぇ、最近いい人いないの？）

> **Yeah, actually I've been going out with Tyler. Um…it's been nice, so…We'll see.**
> （うん、タイラーと最近会ったりしてるんだ。まぁまぁ…いい感じだから。どうなるかな）

🔊 02-54

Point

2年目になると誰かの名前を挙げて、具体的にどういった感じなのかを伝えられるようになってきます。ただ、ここでも照れがあり、最後は少し濁しています。

be going out with 〜で「〜とデートに行っている」という意味になります。他にも be seeing 〜も同じ意味として使うことができます。We'll see. は恋愛だけではなく、この後どうなるのかわからないときに、様子を見てみよう、というニュアンスで使われます。

アメリカ
3年目

🔊 02-55

Hey, are you seeing anyone lately?

（ねぇ、最近いい人いないの？）

Yeah. I went out with Josh last night and honestly it was like meh.

（いる。昨日の夜はジョシュとデートしたんだけど正直微妙だった）

But the date night with Ethan was SO MUCH FUN!

（あ、でもイーサンとご飯行ったのが、マジで楽しかったの！）

And also, Andy and I have been texting every day and I actually really like it.

（あ、あとね、アンディは最近毎日連絡してて、結構いい感じ）

🚩 **Point**

3年目になると、友達とオープンに恋愛の話をすることにも慣れてきて、詳細まで聞かれていないのに話しちゃうこともあります（笑）。

meh は微妙と言うときのリアクションでよく使われる表現です。恋愛以外に食べ物や映画の感想としても使います。良くも悪くもなかったというニュアンスです。

text は日本で言うと「LINEをする」というような言い方です。
日本ではメッセージのやりとりをすることをLINEという単語で表現しますが、英語では一般的にtextが使われます。

告白する

直球で伝える

◁)) 02-56

I like you. Can I be your girlfriend?
（好きです。彼女になっても良いですか？）

I like you.
Can I be your girlfriend?

好きです。彼女になっても良いですか？

好きな人に気持ちをしっかり伝えるのはかなり勇気がいるし緊張することです。
英語力に自信がなくても相手の目をしっかり見て、はっきりと話しましょう。

このようにはっきり気持ちを伝えてもらって、嫌な気持ちになる人はもちろんいませんが、アメリカには日本と違って告白がない恋愛文化があるので、日本人が思うよりもかなり直球な印象を与える可能性があります。

Point　ここで注意したいのは、日本だと告白の際に大好きですと伝えても違和感はないのですが、アメリカだと「ちょっと重いな」と受け取られてしまうことです。

いきなり I love you. と伝えるとかなり重い印象を与えてしまうので、告白のときは気持ち的には I love you. でも、I like you. 程度に留めておけると良いです。

121

告白する

likeを使って伝える

◁)) 02-57

So, I'm gonna be honest with you. I really like you.

（あのね、正直にいうとね、あなたのことがすごく好きなんだ）

How do you feel about us?

（私たちのことどう思う？）

So, I'm gonna be honest with you. I really like you.

あのね、正直にいうとね、あなたのことがすごく好きなんだ。

How do you feel about us?

私たちのことどう思う？

すごく好きな気持ちを伝えたい場合は really like you や be so into you と言うことで、重くなりすぎるのを防ぐことができます。

Point　相手に yes か no で答えを迫るより、How do you feel? を使い、どのように思っているかを聞くことで、相手の気持ちをうまく聞き出すことができます。

告白する

この関係って何？

🔊 02-58

So, what are we?
Like, are we a
thing now?

（あのさ、私たちのこの関係って何かな？
これって付き合ってる…よね？）

I like you and I
think you like me,
so what's up?

（私はあなたのことが好きで、あなたも私
のことが好きでしょ？　どうする？）

So, what are we?
Like, are we a thing now?

あのさ、私たちのこの関係って何かな？

これって付き合ってる…よね？

I like you and I think you like me,
so what's up?

私はあなたのことが好きで、あなたも私のことが好きでしょ？

どうする？

欧米では日本のような告白文化がなく、付き合う前に何度も
デートを重ねることが一般的です。

正式に付き合っていなくてもカップルのように過ごすことも
あるので、明確に交際を始めた日がわからないケースが多い
です。

Point　そうした曖昧な関係を進展させるときの決まり文句がWhat
are we?です。関係をはっきりさせたいときに使うことで、
相手から明確な答えをもらいやすくなります。また、We are
a thing. で「私たちは正式に付き合っている」という意味に
なります。

125

ウインク

海外で「やべっ、あの人超イケメン」と目で追い、相手と目が合うと向こうがウインクしてくれることがよくあります。
普通に考えると、「脈アリ？」と考えてしまう場面ですが、アメリカでは目が合ったときに男性が女性にウインクするのは普通のことなので注意しましょう。

目が合うとする挨拶みたいなもので、「元気？」といったような意味合いの、普通に友達にもやっているものです。
本当に気があるのは、相手がしばらく自分のことを見つめていて、こちらと目が合うと、そのあとにウインクするというパターンです。
いずれにせよ、ウインクされたからといって、あまり舞い上がりすぎないようにしましょう。

TIPS 初デート

日本で初デートというと、相手と待ち合わせて、そこから普通に出かけるという感じだと思いますが、アメリカの場合は男性が次のように頑張ってくれるときがあります。

[男性が迎えにきてくれる]

You look beautiful. Oh yeah, these are for you.
(すごく綺麗だ。そうだ、これを君に)

[花束を渡してくれる]

Thank you.
(ありがとう)

Shall we?
(それじゃ行こうか)

TIPS 気になる人と、 そうなるあるある

🔊 02-60

日本だと気になる人とそうなるときって、次のようなパターンが多いと思います。

男性： あ、終電大丈夫そう？

女性： あ！ やっば…あと5分しかない…。

男性： まじかぁ。え、間に合わない…よね？

女性： うん…。逃しちゃった。

こんな感じで、だいたい終電逃しちゃうパターンだと思うのですが、アメリカだと次のような定番パターンがあります。

So, ...now what? I mean it's getting kinda cold outside. How about we...Netflix and chill?

（じゃ、どうする？ なんか外も寒くなってきたし…Netflixでも見る？）

Netflix and chill というフレーズ自体が有名で、これを言われてOKする＝そういうことになるといっても良いくらいなので、ついていってもほぼ100% Netflixだけ見て終わることはありません (笑)。

TIPS

彼女の呼び方

◁)) 02-61

日本では恋人の呼び方ってそんなに多くはないと思うのですが、アメリカではいっぱいあります。

日本語に直訳するとドン引きしちゃうようなものばかりですが、英語では特に抵抗なく使われているものばかりです。

baby
ベイビー

boo boo
ブーブー

pumpkin
かぼちゃ

sweet pie
甘いパイ

sugar
甘いお砂糖

angel
天使

sweetheart
甘い心

honey
ハニー

my love
俺の愛する人

baby bunny
赤ちゃんうさぎ

cutie
可愛い人

sunshine
明るく温かい人

princess / queen
姫、女王様

PART 2　友達や恋人と同じノリで話し、遊びたい

129

喧嘩で使う言葉の違い

🔊 02-62

人によるところもあるかとは思いますが、日本では次のような感じで、相手に対して不平、不満を静かに、しかし不機嫌に伝えることが多いと思います。

日本の怒り方

いや、意味わかんないんだけど。

いやもう…何？　ほんっと意味わかんない。

もう、もう、もういいって。

しかし、アメリカでは声を荒らげて、fuck連発というのがよくあるパターンです。

アメリカの怒り方

What? No fucking way.
（あぁ？　おい、おまえっ）

Fuck you.
（ふざけんなよ）

What the fuck is your problem, man?
（さっきから、なんなんだよ）

Get the fuck out of here.
（出てけよ）

fuckの使い方

使ってはいけない言葉として聞くことが多いfuckですが、海外ドラマや映画では使われている場面を見かけることも多いと思います。

fuckはできれば使わない方がベターですが、次のような基準を持っておくと、相手を傷つけることがないですし、友人同士のスラングという位置づけでのみ使うことができます。

fuckは人に対して使ってはいけない。

例えば、めちゃくちゃビックリすることや、イライラすることがあったときに「まじか！」といった意味でfuckを使うことがあるのですが、これは人ではなく出来事に対して使っているので、大丈夫です。

一方で、Fuck you!などは思いっきり人に対して使っていることになるので、絶対NGな使い方になります。

しかし、Fuck that!は物事に対して「最悪」という意味で使っているので問題ないですし、実際にアメリカへ行けばこの使い方のfuckはしょっちゅう聞きます。

ただし、このような言葉を聞きたくない人や絶対に使わない人もいるので、みんなが使っているからと無闇に使わず、その場にいる人たちの気分を害さないことを最優先に考えることが一番大事です。

知らない人に褒められたとき

> **Hey! Nice shirt!**
> （そのシャツ良いね）

🔊 02-63

> ...
> ［え？　私？　やばい変な人だ…］

Point

1年目は知らない人に声をかけられること自体に慣れていないので、変に警戒してしまい、無視してしまうことがほとんどです…。

> **Hey! Nice shirt!**
> （そのシャツ良いね）

🔊 02-64

> **Thank you!**
> （ありがとう！）

Point

2年目になると、とりあえず返事だけでもできるようになります。Thank you!という一言だけですが、笑顔で相手を見返して言うことで、黙ってしまうより、はるかに良い印象を与えることができます。

Hey! Nice shirt!
（そのシャツ良いね）

🔊 02-65

Aw, thanks! You just made my day!
（え〜、ありがとう！　おかげで良い日になったわ！）

知らない人であっても、褒められると嬉しくなって、その日のモチベが上がったりしますよね。

しっかりお礼を伝えて、You made my day.のような相手の気分も明るくなる一言を加えられると、さらに上級者です。

You made my day. は誰かのおかげで自分の気分が明るくなったり、嬉しくなったりしたときによく使われるフレーズです。

コーヒーを奢ってもらったとき

アメリカ 1年目

🔊 02-66

Hey, I got you a coffee!
（君にコーヒー買ってきたよ！）

Oh, thank you! How much was it?
（え、ありがとう！ いくらだった？）

No no no no, it's OK!
（いいよ、大丈夫！）

No no, wait.
（いやいやいや待って！）

No, it's for you.
（良いんだよ、君に買ってきたんだから！）

Really? Thank you.
（本当に？ じゃ、ありがとう）

🚩 **Point**

誰かが気を遣って何かを買ってきてくれたとき、ついつい日本人の癖で「お代を渡さなくちゃ！」「少なくとも渡そうとしなくちゃ」と慌ててしまう人が多いと思うのですが、自分から頼んでいない場合は素直に相手の好意を受け取る方が自然です。

一度お代はいらないよと断られても「いやいや！」と返すのも日本人特有の礼儀だと思うのですが、いらないと言われたのであればありがとうと感謝を伝えて受け取ることが大事です！

アメリカ
2年目

◁)) 02-67

Hey, I got you a coffee!
（君にコーヒー買ってきたよ！）

Thank you! You're so sweet!
（ありがとう！　優しいのね！）

You looked busy so...
（忙しそうだったから…）

Yeah, this helps a lot! I'll get one for you next time.
（助かる〜！　次は私が買ってくるね）

Point

買ってきてくれた気遣いに感謝しつつ、「次は私が！」とフェアな気遣いができると好印象です。

This helps a lot. は「助かる〜」という意味の表現で、何かをしてくれた相手へフランクにお礼を言うときに便利な表現です。

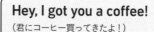
Hey, I got you a coffee!
（君にコーヒー買ってきたよ！）

🔊 02-68

No way! I was literally just thinking about getting some!
（マジで!?　今ちょうど買いに行こうかなって思ってたの！）

Thank you so much. You are the best!
（ありがとう、あなたって最高！）

Point

アメリカでは恐縮しすぎたり、遠慮したりするよりも、素直に「嬉しい！」という感謝の気持ちを表現することが相手への礼儀という考え方があります。

You are the best! は奢ってもらったとき以外にも誰かへ感謝の気持ちを伝えるときに使える表現です。

You are the best!は相手への感謝を伝えるだけでなく、相手を褒め称えるニュアンスもあるので、こうした場面でさりげなく使えると、相手に良い印象を与えることができます。

ジョークへの返し

アメリカ
1年目

🔊 02-69

Hello. Can I sit here?
（あの、ここに座ってもいい？）

Nah.
（だめ）

I'm sorry.
（すいません）

No! I'm joking! Yeah!
Of course, have a seat!
（ねぇ、冗談だよ！　もちろん！
座って！）

...Thank you.
（…ありがとう）

🚩 **Point**

国が違えば、文化も違うわけですから、当然ユーモアのセンスやジョークのスタイルにも違いがあります。アメリカはもちろん、欧米圏では皮肉的なジョークを言い合うことがあり、決して意地悪な意味ではなく、仲の良さが表れるスタイルです。日本ではあまりないことなので、反応に困ってしまうことも多いと思います。しかし、真剣に受け止めてしまうと相手のジョークが失敗に終わってしまうので、頑張って慣れていきたいところです。

Hey! Can I sit here?
（ねぇ、ここ座っていい？）

◁»02-70

Nah!
（やだね！）

 ......
（……）

You got me! Haha.
（引っかかるとこだったーw）

Point

2年目になるとこの手のジョークに少し慣れてくるので、一瞬反応に迷いますが、なんとか対応できるレベルになります。You got me. は直訳すると「あなたが私を手に入れた」となりますが、実際には騙されたときの反応として「だまされた！」や「やられた！」という意味になります。

カジュアルでフレンドリーなトーンで使われます。

Hey! Can I sit here?
(ねぇ、ここ座っていい？)

Nope.
(ダメ)

But I will!
(座っちゃおー！)

🔊 02-71

🚩 **Point**

3年目になると動揺もなくなり、冗談に乗れるようになります。このような冗談の場合は例文のように、真に受けずむしろ反撃するくらいの返しをすると相手も喜んで笑ってくれます。最初はなかなか難しいですが、こういったやりとりでさらに相手との距離が縮まったり、ジョークをやりあう空気感にも慣れることができます。

PART 3

毎日の挨拶や会話で**良い印象を**与えたい

ふだん使いできる
こなれた英語と振る舞い

挨拶

アメリカ
1年目

ペコペコしちゃう

🔊 03-01

Hello, nice to meet you.
My name is Natsu.

こんにちは。お会いできて嬉しいです。

私の名前はナツです。

Hi.
こんにちは。

英語を話すことに慣れていない1年目は会話の度に緊張してしまうものです。

最初のうちから表情やボディ・ランゲージにまで気を配るのは難しいので、学校の授業で一度は口にしたことがあるHello, nice to meet you.を使ってみることから始めましょう。

 Nice to meet you.は一語ずつはっきり発音するよりもリンキングをして流れるように発音すると自然です（ナイストゥミートユーではなくナイストゥミーチュー）。

PART 3　毎日の挨拶や会話で良い印象を与えたい

143

挨拶

しっかり握手する

🔊 03-02

Hey, how's it going? I'm Natsu and you are...?

（どうもどうも。ナツです。あなたは…？）

I'm Ari.

（アリだよ）

Ari, it's very nice to meet you.

（アリね、会えて嬉しいわ！）

Hey, how's it going?
I'm Natsu and you are...?

どうもどうも。ナツです。あなたは…？

I'm Ari.
アリだよ。

Ari, it's very nice to meet you.

アリね、会えて嬉しいわ！

2年目になると何度も自己紹介を経験しており、スキンシップにも慣れてくる頃です。

相手の目を見て、しっかり握手をすることで信頼感を得ることができます。

Point 英語の挨拶に慣れてくると、「はじめまして」という日本語が頭に浮かぶ前に、お会いできて嬉しいですという気持ちが心の底から湧いてくるようになり、Nice to meet you. という表現にも気持ちが入るようになります。

そういった気持ちの変化からniceの前にveryをつけ加え、自分の気持ちを強調する挨拶もできるようになります。

PART 3　毎日の挨拶や会話で良い印象を与えたい

挨拶

自分からハグする

🔊 03-03

I'm Natsu! And you must be Ari, right?

（私はナツよ！ あなたはアリだよね？）

OMG, I've heard so much about you.

（あなたのこと、話にはたくさん聞いてたの）

I'm so excited to finally meet you.

（やっと会えて嬉しいわ！）

I'm Natsu!
And you must be Ari, right?

私はナツよ！　あなたはアリだよね？

OMG, I've heard so much about you.

あなたのこと、話にはたくさん聞いてたの。

I'm so excited to finally meet you.

やっと会えて嬉しいわ！

I've heard so much about you.（あなたのことはたくさん聞いてたの）と言うことで、相手は自分が話題に上がっていたことを知って、少し距離が近いような印象を受けますし、I'm so excited to finally meet you.（やっと会えて嬉しいわ！）と finally をつけることで、「ずっとお会いしたかったの」というニュアンスが伝わるので相手の緊張もほぐすことができます。

Point　3年目にもなると、自分からハグしにいきます。
私は初めて自分から相手にハグをし、相手がしっかり受け止めてくれたとき、初対面であっても1つ壁が取り壊されるような感覚を得ました。

初対面はお互いに緊張しやすいものですが、ホッと安心できて、日本語でいう、「これからよろしくお願いします」と同じような気持ちが行動で伝わる挨拶だと感じました。

最初は抵抗があるかもしれませんが、自分から積極的にやってみることで、物理的にも心理的にも相手との距離を縮めることができます。

Hey!と声をかけられて

◁)) 03-04

アメリカでは相手がHey!とフランクに声をかけてきてから、会話が始まることがよくあります。最初のうちは教科書に載っているよくある挨拶でも良いと思いますが、徐々にフランクで自然なものにしていけると、相手との距離を縮めやすくなるでしょう。

Hey!
（おぅ）

アメリカ1年目

Hi! How are you?
（どうも、調子はどうですか?）

教科書で習った基本の挨拶の王道 How are you?を使います。

アメリカ2年目

Hi! What's up?
（やっほー! 元気?）

What's up?は砕けた表現で、カジュアルな場面でネイティブがよく使います。
意味は How are you?と変わりません。

アメリカ3年目

Sup!
（やっほー! 元気?）

Sup! は What's up?のさらに砕けた表現で、友達などに対してカジュアルな場面でのみ使います。

TIPS

挨拶のときのキス

アメリカやヨーロッパでは挨拶のときにハグをして、頬にキスをすることがあるのですが、これにも次のような感じで、段階を踏んで、少しずつ慣れていけば大丈夫です。

アメリカ1年目
相手から頬に軽くキスされるだけで、自分からは何もしない（恥ずかしくてできない）。

とっさに頬にキスされるなんて、1年目では到底対応しきれません（笑）。ここは無理に動かず、受け止めましょう。

アメリカ2年目
自分からも相手の頬にキスをするフリをするが、実際に相手の頬に唇はつけない（形だけ）。

まだ少し控えめですが、慣れてきて、自分から動けるようになります。

アメリカ3年目
自分からも相手の頬にしっかりとキスをする（形だけ）。

恥ずかしさもすっかりなくなり、思いっきり音出しキスができるようになります（笑）。相手にとってもしっかりと対等に受けてくれる方が気持ちのいい挨拶になります。

知り合いとバッタリ会ったとき

> **Hey!**
> （よぉ）

◁)) 03-05

> **Oh wow! Hi! Have a good day!**
> （お！　え！　またね！）

Point

実は簡単そうで難しいのがこのシチュエーション。何の準備もない状態で不意に知り合いに声をかけられると、パッと英語が出てこないことが1年目のあるあるです。せめて最低限の挨拶をして乗り切りましょう。

> **Hey!**
> （よぉ）

◁)) 03-06

> **Hey! What are you doing here? What a surprise!**
> （え！　なんでいるの？　びっくりした！）

Point

知り合いとバッタリ会ったとき、ネイティブはよく What are you doing here? という表現を使います。「ここで何をしているの？」と質問するのではなく、「え！なんでいるの？」と驚きのニュアンスを表すためにこの表現を使っていることが多いです。
そのため、どうしてそこにいたのか、何をしていたかなど詳細を説明しないといけないというわけではありません。

アメリカ
3年目

◁)) 03-07

Hey!
（よぉ）

Oh my god! Hi there! You're looking good!
（嘘でしょ！　やっほー！　元気そうだね！）

I gotta go now but let's catch up soon.
（今急ぎで行かないとなんだけど、近いうちに会おう）

Cool, I'll text you later!
（そうだね。後で連絡するね！）

Point

Hi there. はカジュアルな挨拶ですが、「おっ、○○じゃん」「やっほー」といった、知っている人がそこにいて、「おっ」と呼びかけるときによく使われます。

3年目になると、たとえ急いでいても慌てることなく、近いうちに会おうという言葉を相手にかけられるようになります。

用事が迫っていたり、急いでいたりするときには I gotta go.（もう行かなきゃ）という表現が便利です。「また今度ゆっくりね」というときは、Let's catch up soon. が使えます。

最後に「連絡するね！」と締めのフォローまでできると完璧です。

座り方

日本だとどこへ行っても、基本的にはきちんと座ることが多いと思うのですが、アメリカだとラフな感じに座る人が多く、私の座り方も次のように変わっていきました (笑)。

アメリカ1年目

手を膝の前で揃える、きちんとした座り方です。

アメリカ2年目

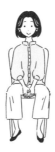

脚を少し開いて座っており、日本では確実にだらしないとされる座り方ですが、スカートのようなものを履いていないかぎり、女性でもこのような座り方の人は結構います。

アメリカ3年目

日本人から見ると、偉そうに映ることもありそうなポーズですが、この座り方、結構見ます (笑)。

TIPS 拍手の仕方

拍手という言葉を聞いたときに、思い浮かべる動作は1つだと思いますが、アメリカでは次のように色々なパターンがあります。

パターン1

日本でもよく見る、一般的な手を叩く拍手です。

パターン2

両手で指を鳴らし、それで拍手をします。日本ではほとんど見ませんが、アメリカでライブなどがある場合、観客がこの方法で拍手するのをよく見ます。

パターン3

手首を振って、音を鳴らすのですが、この方法の拍手は日本ではまず見ないですね(笑)。アメリカでもしょっちゅう見るわけではないのですが、ライブやスポーツ観戦、ゲーム中などの盛り上がる瞬間などに見ることがあります。

英語が聞き取れなかったとき

Yeah...
（ええ…）

[わかったフリをする]

◁)) 03-08

Point

1年目はまだネイティブ英語に慣れていないので、聞き取れない、あるいは話の内容を理解するのに時間がかかってしまうことが多いでしょう。また、いちいち聞き返すのは申しわけないと遠慮してしまい、結局わかったフリをするのもあるあるです（笑）。

しかし、わかったフリは誤解を招くもとになってしまうので、できればしっかり理解できていないことを伝えたいですね。

Sorry. Can you say that again?
（ごめん。もっかい言ってくれる？）

◁)) 03-09

Point

2年目にもなると聞き取れなかった！　という回数も減ってくるかと思います。さらに1年目のわかったフリ作戦で何度か失敗した経験もあるはずなので、わからなかったときには素直に聞き返すということを躊躇なく行えるようになります。

その場で聞き返すことが恥ずかしかったり、申しわけないと思ったりしても、結局後で迷惑をかけてしまうよりは全然いいですよね。

I didn't understand what you were saying at all. Was that even English?

(何言ってんのか全然わからんかったわ。今英語だった？)

🔊 03-10

Point

3年目になると、普段聞き取れないことは特になく、問題なく過ごせますが、たまに激ムズの専門用語やマニアックなスラング、ありえないくらい速いスピードでラップのように話す人と出会い、聞き取れないという場合もあります。

そんなときは、ただ聞き返すだけではなくてちょっとジョークを交えて聞き返すと、クスッと笑えて相手も「ごめんごめん」という程度に快く答えてくれます。

Bless you.の返し方

 03-11

...
(…)

[ただ、おじぎをする]

 Bless you.

Point

1年目のとき、なんて返したらいいのかわからなくて困ってしまうのがこのBless you.。

くしゃみをしたときに必ず周りの人が言ってくれるのですが、そもそも日本ではそのような文化がないため反応に困りますよね。そうしている間に反応し損ねて無言で終わってしまった、なんていう経験は日本人ならみんながするものかもしれません。

 03-12

Bless you.

Oh...Excuse me.
(あ…失礼しました)

Point

日本でも人前でくしゃみをしたとき、「すみません」と一言いうことがあると思いますが、同じニュアンスの表現です。

Excuse me.と言うだけで、周りへの配慮を表現できます。Bless you.と言われたときの反応としてもよく聞く表現です。

Thanks.
（どうも）

Point

3年目になると、くしゃみをすると毎回言われるこのBless you.に慣れて、自然とThanks.とリアクションするようになります。

そもそも、Bless you.はくしゃみをした人を気遣って周りがかけてくれる言葉なので、反応としては短くてシンプルに返せるThanks.がぴったりです。

お土産を渡すとき

アメリカ
1年目

◁)) 03-14

> **It's not that nice but this is something for you.**
> （大したものじゃないけど、これどうぞ）

Point

謙遜して贈り物を渡すのは日本独特の文化です。そのまま英語に直訳して伝えてしまうと、受け取る側が混乱してしまいます。1年目のような言い方だと、「つまらないものをわざわざ自分に渡すの？」と相手を困惑させてしまうことになるので、気をつけましょう。

アメリカ
2年目

◁)) 03-15

> **Here is a little something for you. I hope you like it.**
> （これちょっとした物だけど。
> 気に入ってもらえるといいな）

Point

先ほどのnot that niceは謙遜していたとしてもその意図が全く伝わらないものでしたが、a little somethingと言うことでネガティブな印象にならず、かつ大袈裟にならないので、慣れてきたらこうした表現を使うようにすると良いです。

I got you something! I'm sure you'll like it!
You're so lucky to have me. Here!

（プレゼントがあるの！　絶対気に入ると思うよ！
私が友達でラッキーだね（笑）！　はい）

アメリカ
3年目

◁)) 03-16

Point

日本の感覚からすると少し傲慢な渡し方に映るかもしれませんが、アメリカでは自信を持ってプレゼントをあげた方が相手もワクワクして受け取れるという考え方なので、これぐらいの姿勢がちょうど良いです。

またYou're so lucky to have me.のようなちょっとしたジョークも交えながら渡すことで、気を遣われてしまうこともないので、相手もスムーズに受け取ることができます。
I got you something.は贈り物全般に使えるので、とっても便利なフレーズです。

エレベーターでの会話

アメリカ
1年目

🔊)) 03-17

Hi.
（どうも）

Hi.
（やぁ）

Point

日本のエレベーターを想像してみてください。知らない人同士でエレベーターに乗り合わせたとき、挨拶をしたり、会話をしたりすることはほとんどないですよね。

しかし、欧米の文化では、そんな些細なときにも、挨拶をしたり、ちょっとした会話をしたりすることが日常茶飯事です。知らない人といきなり会話をすることはまだ難しくても、マナーとして挨拶をされたらしっかり返事をしましょう。

アメリカ
2年目

🔊)) 03-18

Hi.
（やぁ）

Hi, how are you?
（どうも、調子はどうですか？）

Good, you?
（良いよ、君は？）

I'm good, thanks.
（私も良いです、ありがとう）

Point

挨拶をされたら定番のフレーズ、How are you?を使って、声をかけてみましょう。こうしたちょっとした会話でも、一日の気分が良くなることもあるので、積極的に相手とコミュニケーションを取る姿勢を示しましょう。

アメリカ **3**年目

03-19

Hi.
（やぁ）

Hi, how's it going?
（どうも、調子はどうですか？）

Not bad! How are you?
（悪くないよ、君は？）

Great, thanks. There's so many people here today, huh?
（良いです、ありがとう。今日は人が多いですね〜）

I know, weekends are always busy.
（そうだね、週末はいつも混んでるよね）

Yeah, well, this is me. Have a great one!
（ですね、では私はここで。良い一日を！）

You too!
（あなたも）

 Point

　3年目になるとこういったシチュエーションでの突然のちょっとした世間話に慣れてくるので、逆に沈黙の状態が気まずく感じるようになり、自分から話を振るようになります。

　例えば、日本であまり面識のないご近所さんと遭遇したときを想像してください。天気の話など、とりあえず何か声をかけることがあると思いますが、その感覚に似ています。話題は本当になんでもいいのです（笑）。ただ、アメリカではたまたまエレベーターで一緒になった全く知らない人にも少し踏み込んだ話題で話しかけることもよくあるので、急に話を振られても焦らずにその場の会話を楽しみましょう。

褒めるとき

アメリカ
1年目

🔊 03-20

> **You are amazing! Good job!**
> （あなたってすごいね！　良かったよ！）

Point

アメリカでは相手を褒めるシチュエーションが多くあります。
ちょっとしたことでも、相手を褒めると距離が縮まるため、最初のうちはシンプルな表現で良いので、なるべく積極的に相手を褒めるようにしましょう。

Good job! は基本的に相手の頑張りや成果を褒めるときに使える表現ですが、「よく頑張ったね」のようなニュアンスがあるため、上司や目上の人に使うと失礼になってしまうので要注意です。I'm proud of you. で、同じニュアンスを出すことができます。

アメリカ
2年目

🔊 03-21

> **You nailed it! That was crazy!**
> （やったね！　まじでやばかった！）

Point

カジュアルかつフレンドリーに褒めるための表現を使って、自分の興奮も一緒に伝えます。
ハイタッチなどをすることで、感情をシェアすることができます。

You nailed it! は「やったね！」というニュアンスのスラングです。教科書では出てこない表現ですが、実際にネイティブがよく使う表現です。他に同様の意味を持つ表現には、You made it! もあります。

You are next level! What a star!
（やっぱレベチだわ！　よっ！　スーパースター！）

◁)) 03-22

Point

褒めるだけではなくて、その場を盛り上げながら周りと一緒に讃えたい！　というときにわざとらしくなく最大限に相手を褒めることができる表現です。

next levelは日本語の「レベチ」のように、何か群を抜いて優れているものを表現するときに使えるスラングです。人にだけではなくて何にでも使えます。

例えば、ものすごく美味しいピザに対してThe pizza was next level.と言うことで、「あそこのピザはレベチだった！」と表現することができます。

怒るとき

アメリカ
1年目

◁)) 03-23

I am angry!
（私は怒ってます！）

Point

怒っていることを表す表現といえばangry。もう1つmadを思い浮かべる方も多いかと思いますが、実はニュアンスに大きな違いがあり、madはangryに比べて怒りのレベルが強いので、激怒に近くなります。なので「何かに腹が立つな～」というレベルであれば、madではなくangryの方がぴったりの表現になります。

アメリカ
2年目

◁)) 03-24

I'm upset that he lied to me!
（彼が私に嘘をついたことがムカつく！）

Point

動揺している状況で使われるupsetですが、「ムカつく、腹が立つ」という意味でも使うことができます。さらに that ～でなぜムッとしているのか、何が腹を立てさせたのか、詳細も一緒に説明することで、相手が感情移入しやすくなります。
また、ただ彼にムッときているのであればwithを使ってI'm upset with him. という形で使うこともできます。

I was pissed off at him! I was like, "Just leave me alone!"

（彼にキレちゃった！「もう放っておいて」って感じ！）

Point

pissed offは本当に仲がいい友達との間で使われるカジュアルなスラング表現です。すごく腹が立ったり、イライラしたり、気分が害されたりしたときに使える「キレる」というニュアンスを含んでいます。誰か（彼）の言動によって他の誰か（彼女）がキレた場合はHe pissed her off.という形で使えます。カジュアルで使えるシチュエーションを選ぶ表現なので、少し距離のある間柄やビジネスシーンでの使用は控えましょう。

他にも次のような怒ったときに使える表現があります。

It's not your business !
（あんたには関係ないでしょ！）

That's enough!
（もういいよ！）

What is your problem?
（なんなの？）

疲れたとき

アメリカ
1年目

I'm tired.
（疲れたな）

◁)) 03-26

Point

疲れたことを表す基本的な表現tired。もちろんネイティブも日常的に使っています。しかし疲れには度合いや種類がたくさんあり、tiredでは大ざっぱに「疲れた」ということしか表すことができません。mentally tired（精神的に疲れた）や、何かに疲れた場合はI'm tired from 〜.など、詳細を表現することができると、しっかりと相手に自分の状態を伝えることができます。

アメリカ
2年目

I'm so exhausted that I can barely walk.
（疲れすぎて歩くのもやっとだわ）

◁)) 03-27

Point

exhaustedは「疲れ果てた」「ヘトヘト」という意味が含まれた、ネイティブも日常的に使う表現です。so exhausted that 〜とすることで、「疲れすぎて 〜」と、どれくらい疲れているかを具体的に相手へ伝えることができます。barelyは「やっと、なんとか」という意味になります。

アメリカ
3年目

🔊 03-28

I feel drained and I know I'm gonna sleep like the dead tonight.
（クタクタに疲れたから今夜はぐっすり眠れそう）

Point

drainには「空にする、排水する」という意味があり、I feel drained.で体力が全て排水溝に吸い込まれたようなイメージから「体力を使い切ってしまって疲れ果てた」という意味のカジュアルなスラングとして使われています。

また、「クタクタに疲れ切った夜のぐっすり深い眠り」を表す表現として、sleep like the deadを使うことで、自分がどれくらい疲れているか、より感覚的に相手へ伝えることができます。

PART 3　毎日の挨拶や会話で良い印象を与えたい

驚いたとき

What!? Really? I'm surprised.
（え!? 本当に? 驚いたわ）

◁ｼ) 03-29

Point

日本語でもよく使う、驚いたときの「え!?」をWhat!?で表現します。
驚いたときの基本的な表現surpriseは良い意味でも悪い意味でも驚いたこと全般に使えるので万能です。しかし、ものすごく驚いたときなどに使うには少し大人しめな印象があります。

What the hell!? No way, I'm speechless!
（何!? 信じられない、言葉も出ないわ!）

◁ｼ) 03-30

Point

〜 the hellで、〜の部分を強調することができるので、What!（何!）を強調したWhat the hell?で、より大きな驚きを表すことができます。他にも Why the hell?とすれば、「一体なぜ?」といった強めの「なぜ」にすることもできます。
No way. は「ありえない! 信じられない!」という意味のカジュアルな表現です。ネイティブがリアクションするときによく使われます。さらに、I'm speechless.（言葉も出ないほど驚いている）といった表現も使うことで、いかに自分が驚いているか、その程度を相手に伝えることができます。

🔊 03-31

> **Shut up! You gotta be kidding me! I didn't see that coming at all!**
> （まじで！　嘘でしょ？　衝撃なんだけど！）

Point

p.71で紹介したように、Shut up!は驚いたときのリアクションとして、「まじで？」というニュアンスで、カジュアルに使われます。他にもGet out!やStop!などが同じような意味で、リアクションとして使われますが、これらの表現は親しい間柄で使われるものなので使うシチュエーションには気をつけましょう。

You gotta be kidding me!は「嘘でしょ？」というニュアンスの言い回しで、他にもAre you kidding me?という言い方もあります。

I didn't see that coming at all.という表現は直訳すると「それが来るのは全然見えなかった」となりますが、「全然予想もつかなかった＝驚いた」という意味でよく使われます。上記のような表現を使いながら、感情むき出しで驚きを表現することで、相手も話に乗りやすくなります。

入国審査

アメリカ
1年目

🔊 03-32

Next!
（次！）

Hello.
（こんにちは）

Passport, please.
（パスポート見せて）

［パスポートを渡す］

And the paper.
（その紙も）

［英語が聞き取れず、首をかしげる］

The paper, please.
（その紙）

［書類も渡す］

Thank you. What's the purpose of your visit?
（入国の目的は？）

Study abroad.
（留学）

OK.
（次！）

How long will you be staying?
（どれくらい滞在するの？）

One year.
（1年）

How many times have you visited this country before?
（今までに何回来ていますか？）

Pardon?
（なんですって？）

🚩 **Point**

入国審査は誰もが緊張する場面です。特に初めてという場合は一生懸命英語を聞き取るだけでも精一杯だと思います。答え方として必要なことを単語だけでも言えれば、最低限のやりとりはできるはずです。とにかく必要な書類を全て手元に準備して、こう聞かれたらこう言うというのを用意しておくと良いでしょう。

Next!
（次！）

Hi.
（こんちは）

Passport, please.
（パスポート見せて）

Here.
（どうぞ）

[パスポートを渡す]

OK, oh, so you go to school, here huh?
（おー、ここで学校に通ってるんだね）

Yeah! It's my second year.
（はい！　2年目なんです）

Nice! Exciting, right?
（いいね！　楽しい？）

Yeah.
（はい）

OK, all good. Have a good day.
（じゃ、大丈夫だ。良い1日を）

Thank you. You too!
(ありがとう！　あなたもね)

Point

2年目になると単語で答えるだけではなく、文で回答したり、少し会話もできたりする余裕が生まれてきます。英語への苦手意識が薄れるだけでも入国審査での緊張は和らぎますが、さらに会話に慣れることでスムーズなやりとりができるようになります。

私の経験だと、審査官の人も会話に慣れている人とそうでない人への対応を変えている印象がありました。怖いというイメージを持っている人が多いと思いますが、フランクに話しかければ、実際は優しく明るい会話をしてくれる人が多いです。

Next!
(次！)

🔊 03-34

Hi! How's it going?
(どうも〜調子どうですか？)

Hey, not bad. Just a lot of work.
(やぁ、悪くないよ。忙しいけどね)

Oh yeah? A lot of people coming in today, huh?
(ですよね？　今日人多いですよね！)

Yeah it's a holiday time, you know.
(まぁ、みんな休暇の時期だからね)

Ah I can imagine.
(あ〜そうですよね)

Oh you're from Japan. That must have been a long flight, huh?
(きみ日本から来たんだね。フライト長かったでしょ？)

Uh-huh, like 14 hours? I mean I got used to it now tho. I just sleep through, you know?
(うん、14時間くらいかな。まぁ、もう慣れたんですけどね。乗ったら寝ちゃえばいいのよ)

> **That sounds right. Well, you're good to go. Have a great day.**
> （そのとおり！　じゃ、行っていいよ。良い1日を）

> **Thank you. Oh! Happy holiday!**
> （ありがとう！　あ！　ハッピーホリデー！）

Point

3年目になると、「本当に入国審査？」というレベルの楽しそうな会話になっていますが、私は実際にこうした会話をしていました。

もちろん、無駄な会話はせずに「さっさと仕事を終わらせたい！」という審査官もいますが、この例文の審査官のように仕事をしながらコミュニケーションを楽しむ人も多いです。私が一番びっくりした入国審査では、なんの香水を使っているか聞かれたこともあったくらいでした（笑）。

会話を一般的な挨拶、How's it going? で始めることで、フランクすぎず、かしこまりすぎない、良い空気を作ることができます。

PART 3　毎日の挨拶や会話で良い印象を与えたい

著者
LanCul英会話（ランカル えいかいわ）

東京や大阪の20のカフェ（その他オンライン有）に集まって、グループでコーヒーやお酒を片手にネイティブと雑談や意見交換ができる英会話カフェを運営。登録者数は15,000人を超える。
社員のNatsuとAriが運営するTikTok、YouTube、Instagramが人気。TikTokフォロワー62万人、YouTube登録者数25万人、Instagramフォロワー34万人（2023年9月現在）。

カバーデザイン　CHIHIRO MATSUYAMA (AKICHI)
本文デザイン　マルサンカク（菅谷 真理子）
カバー・本文イラスト　坂本奈緒
DTP　山口 良二
校正　鷗来堂
音声収録　ELEC

アメリカ3年目　話す英語が変わりすぎた。

2023年10月27日　初版発行

著者／LanCul英会話

発行者／山下 直久

発行／株式会社KADOKAWA

〒102-8177　東京都千代田区富士見2-13-3
電話　0570-002-301（ナビダイヤル）

印刷所／株式会社暁印刷
製本所／株式会社暁印刷